JN435098

새 연세한국어 어휘와 문법 5-2

연세대학교 한국어학당 편

연세대학교 출판문화원

머리말

연세대학교 한국어학당은 1959년에 설립된 한국 최초의 외국어로서의 한국어 교육 기관이다. 연세대학교 한국어학당은 그간의 역사와 명성에 걸맞게 다양한 한국어 교재 편찬 및 관련 연구를 해옴으로써 한국어 교육을 선도해 왔다. 지금까지 전 세계에서 온 약 150여 개국의 17만여 명에 이르는 한국어 학습자에게 한국어와 한국 문화를 가르쳐 왔으며, 최근에는 빠른 속도로 변화해 가는 교육 환경에 맞추어 오프라인 한국어 교육뿐만 아니라 온라인 한국어 교육 콘텐츠 개발에도 노력을 기울이고 있다. 이미 세계 각국의 한국어 학습자를 대상으로 글로벌 온라인 대중 공개 강좌(MOOC)를 개설하여 학습자들로부터 큰 호응을 얻었고 연세대학교 온라인 교육 혁신 플랫폼인 런어스(LearnUs)에도 최신 기술을 활용한 한국어 콘텐츠를 올려서 학습자들을 만나는 중이다.

연세대학교 한국어학당은 그간 일반 목적 한국어 학습자들뿐만 아니라 특수 목적 한국어 학습자들을 대상으로 정규과정, 단기과정, 대학 한국어 과정 등 다양한 교육과정을 개설 운영하면서 학습자의 요구에 부응하는 최상의 교재를 개발해 왔다. 이러한 교재들은 국내외의 한국어 교육 기관에서 교사와 학습자들의 다양한 요구를 충족시키며 양질의 한국어 교수·학습을 위해 널리 사용되고 있다.

연세대학교 한국어학당은 그간 가장 큰 호응을 받아 왔던 '연세한국어' 1급~6급의 뒤를 이을 새로운 교재로 '새 연세한국어' 시리즈를 기획 출간하게 되었다. 이 교재의 개발을 위해 한국어 교육 현장 경험이 풍부한 전문 한국어 교육학자 및 교사들이 대거 투입되었고 최상의 한국어 교수법 및 학습자 집단의 요구에 대한 이해를 바탕으로 개발 작업이 장기간에 걸쳐 수행되었다.

이번에 출간된 '새 연세한국어' 시리즈는 총 6단계로 각 단계마다 어휘와 문법 교재, 말하기와 쓰기 교재, 듣기와 읽기 교재로 구성되어 있다. '새 연세한국어 어휘와 문법'은 한국어 학습자들이 각 숙달도별로 가장 필수적으로 익혀야 하는 주요 어휘와 문법에 대한 이해와 활용을 중심으로 구성되었다. '새 연세한국어 말하기와 쓰기'는 원활한 한국어 의사소통을 위해 꼭 필요한 표현 기능을 수행할 수 있도록 말하기, 쓰기 과제를 중심으로 구성되었다. 또한 '새 연세한국어 듣기와 읽기'는 듣기, 읽기 과제를 중심으로 각 급별 숙달도에 적절한 이해 능력을 함양시킬 수 있도록 구성되었다. 이 세 권의 교재는 어휘·문법, 표현, 이해 능력의 고른 발달을 위해 패키지로 함께 사용될 수도 있고, 교육 현장 여건이나 학습자의 요구에 따라 별도로 사용될 수도 있다. 또한 어휘와 문법 교재의 경우 별도의 지침서가 무료로 제공되므로 교육 경험이 다소 부족한 국내외의 한국어 교사들에게 유용한 길잡이가 될 수 있을 것이다.

연세대학교 한국어학당은 앞으로도 전 세계의 한국어 학습자들의 요구와 기대에 부응하는 교재 개발을 위해 최선을 다할 것이다. 아울러 본 교재가 국내외에서 한국어 교육을 위해 노력을 아끼지 않는 많은 교사와 한국어 학습을 위해 노력하는 모든 학습자들에게 크게 도움이 되기를 바란다.

연세대학교 언어연구교육원

한국어학당 교재편찬위원회

일러 두기

교재 전체 구성

- 총 20개의 과로 각 과는 두 개의 소단원으로 이루어짐.
- 과별로 복습 문제가 수록되어 있고, 소단원별로 연습 문제가 수록됨.
  (복습 문제는 각 과에 수록되어 있고, 연습 문제는 부록에 수록됨.)
- **대화:** 학습 목표 어휘와 문법이 사용된 예시문으로 일상 대화, 토론, 대담, 인터뷰, 뉴스, 강연 등 다양한 자료가 수록됨.
- **어휘:** 해당 과의 주제와 관련이 있거나 5급에서 학습해야 할 어휘와 표현을 확장하여 제시함.
- **문법:** 소단원마다 한 개의 문법 항목을 제시하여 한 과에 총 두 개의 문법 항목이 있음.
- **복습 문제:** 각 과 전체(두 개의 소단원)의 어휘와 문법을 확인하고 학습할 수 있도록 함.
- **연습 문제:** 소단원별로 배운 어휘와 문법을 연습할 수 있도록 부록으로 첨부함.
- **답안:** 모범 답안(교재)과 연습 문제 답안을 제시하여 혼자 연습하는 학습자의 경우에도 도움을 받을 수 있도록 함.
- **색인:** 어휘 색인과 문법 색인에는 각 과에서 다루어진 어휘와 문법을 가나다 순으로 정리하여 제시함.

세부 내용 구성

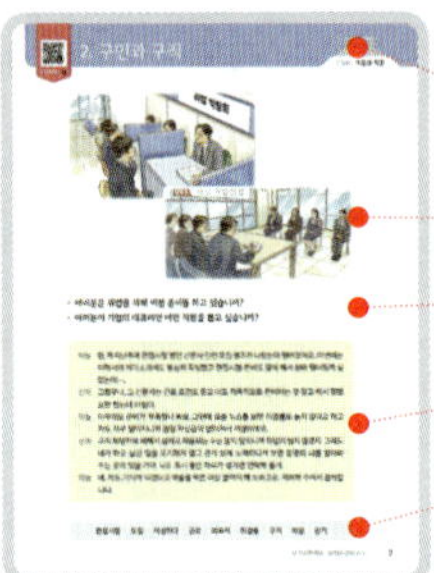

- **소단원 제목:** 주제를 잘 드러낼 수 있는 명사구로 제목을 제시함.
- **도입 삽화:** 소단원의 주제나 대화 내용과 관계가 있는 시각 자료를 제시함.
- **도입 질문:** 소단원의 주제나 대화 내용과 관계가 있는 질문을 제시함.
- **대화:** 대화, 강연 등 다양한 형식의 자료로 이루어짐.
- **대화 어휘:** 대화를 이해하기 위해서 알아야 할 어휘를 제시함.

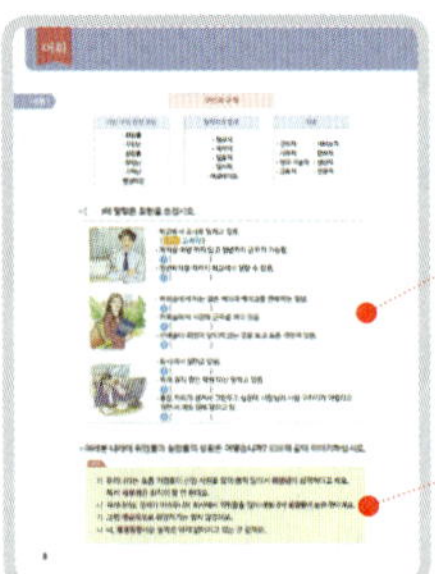

- **어휘 1:** 소단원의 주제와 관련이 있는 어휘와 표현을 제시함. 의미망을 중심으로 어휘와 표현을 제시하여 학습자들이 의미를 쉽게 유추하여 이해할 수 있도록 함.
- **연습:** 어휘의 의미를 맥락 안에서 확인하고 연습할 수 있도록 함.

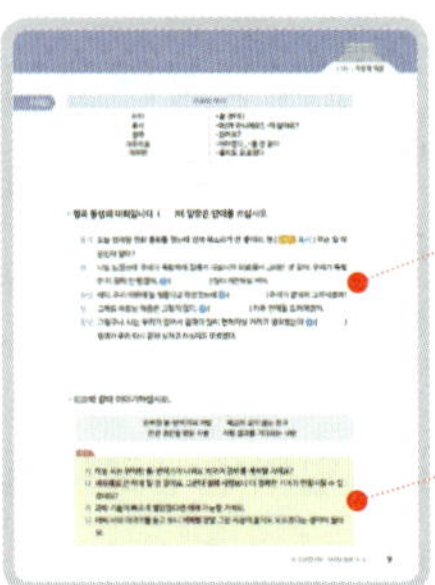

- **어휘 2:** 형태적으로 확장이 가능한 어휘장을 중심으로 어휘와 표현을 제시함. 속담, 관용어, 한자 성어 등은 의미적, 형태적으로 관계가 있는 표현들을 함께 제시함.
- **연습:** 어휘의 의미를 맥락 안에서 확인하고 연습할 수 있도록 함.

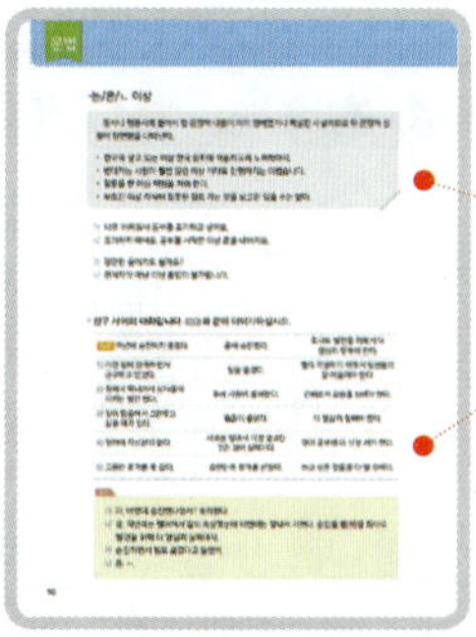

- **문법:** 소단원의 학습 목표 문법을 제시함.
- **연습:** 소단원의 주제에서 벗어나 목표 문법을 활용할 수 있는 다양한 상황을 제시하여 학습자들이 목표 문법의 쓰임을 익히도록 함.

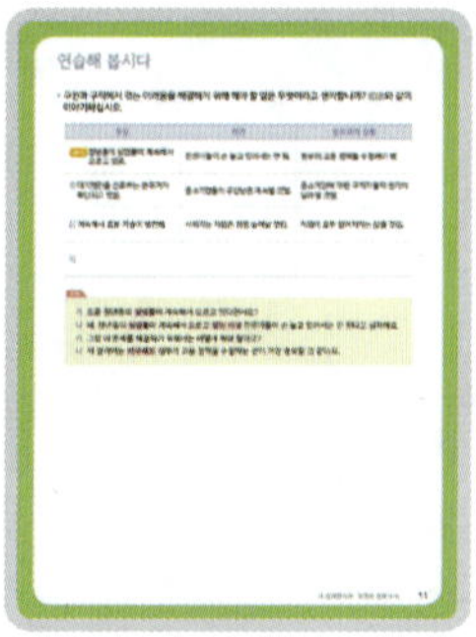

- **연습해 봅시다**
  소단원의 주제와 관련된 상황에서 목표 문법과 어휘를 모두 활용해 볼 수 있도록 함.

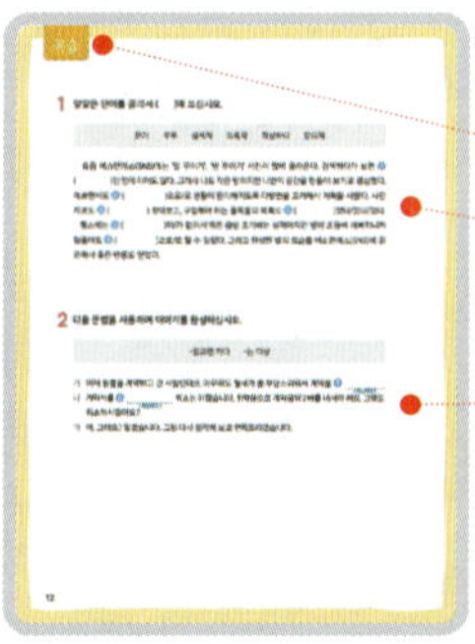

- **복습:** 각 과 전체의 어휘와 문법을 확인하고 학습할 수 있도록 함.
- **1번:** 각 과의 대화 어휘와 어휘1, 어휘2를 모두 아우르는 문제로 산문체의 맥락에서 목표 어휘의 의미를 확인하고 복습할 수 있도록 함.
- **2번:** 각 과에서 제시된 두 개의 문법을 모두 아우르는 문제로 대화 형식의 맥락에서 목표 문법을 사용하여 연습하도록 함.

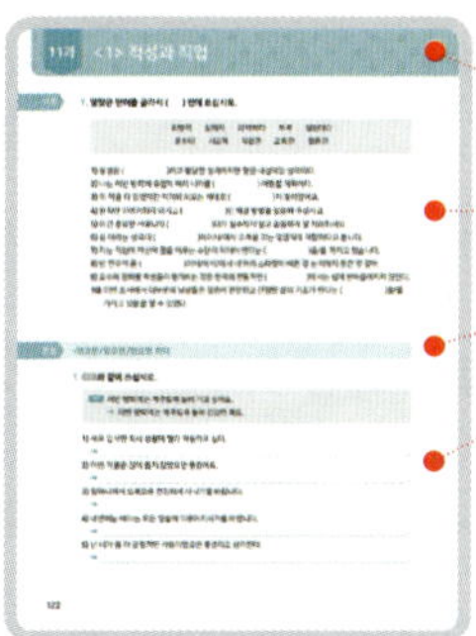

- **연습 문제:** 소단원별로 학습한 어휘와 문법을 연습할 수 있도록 함.
- **어휘:** 각 소단원의 대화 어휘와 어휘1, 어휘2에서 제시된 어휘를 연습함.
- **문법:** 각 소단원의 목표 문법을 연습함.
- **1번:** 두 문장을 연결하여 한 문장으로 쓰기, 문장 바꾸기 등의 단순한 연습으로 이루어짐.
- **2번:** 대화 형식의 맥락 안에서 목표 문법을 사용하는 연습으로 이루어짐.

단원 구성

과	소단원	문법	대화 어휘	확장 어휘
11과 직업과 직장	1. 적성과 직업	-었으면 하다	실제적, 외향적, 창의적, 파악하다, 활달하다, 두루	감성적, 결혼관, 교육관, 사교적, 세계관, 이성적, 인생관, 직업관, 덜렁대다, 둔하다, 예민하다, 차분하다
	2. 구인과 구직	-는 이상	구직, 근로, 끈기, 면접시험, 모집, 의욕적, 채용, 취업률, 작성하다	계약직, 구인난, 구직난, 실업률, 일용직, 임시직, 정규직, 직종, 취업난, 평생직장
12과 경제와 생활	1. 시장의 변화	을 통해	급변, 대행, 물품, 에프티에이(FTA), 채널, 단축, 띄다, 체결되다	관세, 급등, 급락, 보급, 생활화, 철폐, 취향, 자유 무역
	2. 소비자 피해와 보상	-게 생기다	근본적, 대외적, 만족도, 문책, 보상금, 신뢰도, 은폐하다, 지급하다, 추락하다	가해, 리콜, 무상, 배상, 보장, 보증, 보증서, 사과문, 상해, 파손, 하자, 한국 소비자원
13과 유행과 한류	1. 옷차림과 유행	-자니	각양각색, 대세, 복장, 포인트, 돋보이다, 선보이다, 수수하다	각인각색, 무색무취, 천편일률, 형형색색, 앞서가다, 주도하다, 튀다, 무난하다
	2. 세계 속의 한류	-을걸	연습생, 한류, 열풍, 마니아, 프로듀서, 한결같다, 연예 기획사, 케이 팝	붐, 열광, 열애, 열중, 입소문, 주목, 콘텐츠, 일다, 열렬하다, 친근하다
14과 대중문화와 영상 매체	1. 한국 영화의 현주소	-고도	개봉, 대박, 돌풍, 동원, 흥행, 하늘의 별 따기	등급, 불가, 시사회, 시상식, 영화제, 청소년, 공든 탑이 무너지랴, 다 된 죽에 코 빠뜨리다, 독립 영화, 땅 짚고 헤엄치기, 상업 영화, 식은 죽 먹기, 저예산 영화, 천 리 길도 한 걸음부터, 첫 술에 배부르랴
	2. 대중 매체의 변화	으로 보다	댓글, 쌍방향, 일방향, 협력, 불분명하다, 뉴 미디어	각계각층, 수용자, 청취자, 공정하다, 신속하다, 대중 매체, 듣다시피, 말하다시피, 보다시피, 알다시피, 영상 매체, 음성 매체, 인쇄 매체, 전자 매체

과	소단원	문법	대화 어휘	확장 어휘
15과 개인과 공동체	1. 봉사하는 삶	-어 주십사 하고	기부, 말동무, 별것, 보람, 위안, 자원봉사, 뿌듯하다	결단력, 기증, 모교, 부지, 장기, 재단, 창의력, 추진력, 효력
	2. 하나가 되는 지구촌	-다시피 하다	빈곤, 우물, 의료, 특강, 파견, 후원하다	기구, 민간, 비영리, 생활고, 인도적, 좌절, 지구촌, 차원, 비정부 기구
16과 사회 공동체	1. 이기주의의 극복	-나 싶다	납골당, 상권, 역부족, 이만저만, 인접, 유치하다, 형성하다, 유동 인구	혐오, 협동, 협의, 건의하다, 논쟁하다, 소통하다, 시위하다, 우려하다, 중재하다, 협상하다, 협조하다
	2. 함께하는 다문화 사회	-으면 몰라도	다문화, 부러움, 여보, 폐쇄적, 더불다, 사다, 으쓱하다, 냉담하다	귀화, 다국적, 다민족, 다용도, 이주, 이중
17과 자연과 인간	1. 자연의 아름다움	-는 한	갈대밭, 갯벌, 생명력, 생물, 습지, 일몰, 경이롭다, 이색적이다	산맥, 감탄하다, 이름나다, 형용하다, 기이하다, 웅장하다, 이례적이다, 이질적이다
	2. 환경 파괴와 환경 보호	-어서는	수거, 시민, 악영향, 의식, 조형물, 폐기물, 해양, 보존하다	규제, 대기, 대체, 매연, 배기가스, 수질, 염려, 오존층, 온난화, 토양, 폐, 폐수
18과 건축과 환경	1. 한옥의 과학성	-는 듯하다	각도, 기와집, 마루, 온돌, 처마, 한옥, 멋스럽다, 아늑하다, 자연 친화적	가옥, 개조, 초가집, 통풍, 환기, 사치스럽다, 수다스럽다, 실망스럽다, 유난스럽다, 혼란스럽다
	2. 건축과 공간	-으니만큼	모서리, 색상, 시각적, 외형적, 초점, 독특하다, 조화롭다	가장자리, 굴곡, 꼴, 모퉁이, 정삼각형, 직사각형, 다채롭다, 매끄럽다, 울퉁불퉁하다, 풍요롭다, 한가롭다, 향기롭다

과	소단원	문법	대화 어휘	확장 어휘
19과 한국 역사의 이해	1. 한국 역사의 흐름	-은 결과	건국, 고난, 신석기, 전성기, 핵심적	국력, 근세, 도난, 수난, 약화, 위기, 재난, 중세, 피난
	2. 소중한 문화유산	으로는	등재, 배산임수, 왕릉, 제례, 풍수지리, 자리하다, 온전하다	게재, 기재, 발굴, 복구, 복원, 심의, 적재, 지정
20과 한국의 풍습	1. 출생, 관례, 혼례	-더라도	대, 시댁, 예물, 장손, 추세, 지레짐작하다	돌상, 돌잡이, 백일잔치, 신혼집, 폐백, 혼담, 혼례, 혼주, 머리를 올리다, 성년의 날
	2. 장례와 제례	-을뿐더러	고인, 맞절, 묵념, 분향, 빈소, 상, 상주, 조의금, 헌화, 요란하다	기일, 따돌림, 매장, 문상, 문상객, 발인, 배신, 부고, 부조, 유족, 조문, 조문객, 조의, 화장

차례

등장인물 | Main characters

에릭 파커
- 미국
- 어학당 학생
- 한국전자 직원

존 카마우
- 케냐
- 어학당 학생
- 교환 학생

사토 유키
- 일본
- 어학당 학생
- 기자

리타오
- 중국
- 어학당 학생
- 대학 입학 예정자

노라 한슨
- 노르웨이
- 어학당 학생
- 대학원 입학 예정자

최주앙
- 브라질
- 어학당 학생
- 대학 휴학생

응웬 흐엉
- 베트남
- 어학당 학생

레오 마르탱
- 프랑스
- 어학당 학생
- 요리사

올리비아 스미스
- 호주
- 어학당 학생
- 외교관

이윤아
- 한국
- 대학생

정하늘
- 한국
- 대학생

김우진
- 한국
- 한국전자 직원

11과

직업과 직장

01 적성과 직업

대화 어휘 실제적, 외향적, 창의적, 파악하다, 활달하다, 두루

확장 어휘 감성적, 결혼관, 교육관, 사교적, 세계관, 이성적, 인생관, 직업관, 덜렁대다, 둔하다, 예민하다, 차분하다

문법 -었으면 하다

02 구인과 구직

대화 어휘 구직, 근로, 끈기, 면접시험, 모집, 의욕적, 채용, 취업률, 작성하다

확장 어휘 계약직, 구인난, 구직난, 실업률, 일용직, 임시직, 정규직, 직종, 취업난, 평생직장

문법 -는 이상

MP3 / 21

1. 적성과 직업

초·중·고등학생의 희망직업 상위 10개

순위	초등학생		중학생		고등학생	
	직업명	비율	직업명	비율	직업명	비율
1)	선생님(교사)	11.1	선생님(교사)	14.6	선생님(교사)	12.9
2)	운동선수	10.4	경찰	4.6	기계 공학 기술자 및 연구원	3.9
3)	요리사	7.2	요리사	4.6	경찰	3.8
4)	의사	5.0	의사	3.5	정보 시스템 및 보안 전문가	3.6
5)	경찰	4.4	운동선수	3.2	간호사	3.4
6)	판사·검사·변호사	3.7	정보 시스템 및 보안 전문가	2.5	생명·자연 과학자 및 연구원	3.2
7)	가수	3.1	건축가·건축 디자이너	2.3	군인	2.8
8)	과학자	2.8	공무원	2.2	요리사	2.8
9)	제빵원 및 제과원	2.6	간호사	2.1	공무원	2.4
10)	아나운서·방송인	2.4	군인	2.1	건축가·건축 디자이너	2.1

한국직업능력개발원(2016) - 맞춤형 취업 지원을 위한 직업 지표 연구

- 여러분 나라에서는 어떤 직업이 인기가 많습니까?
- 직업을 선택할 때 가장 중요한 점은 무엇이라고 생각합니까?

리타오 한아 씨, 신문방송학을 전공하기로 결심하게 된 계기는 뭐예요?

한 아 중학교 때 대학생 선배들이 학교에 와서 자기 전공 소개도 하고, 적성 검사도 해 주고, 직업에 대해서 상담도 해 주는 프로그램이 있었는데 그게 계기가 됐어요.

리타오 그래요? 적성 검사도 해 봤어요? 결과가 어떻게 나왔어요?

한 아 검사 결과 저는 성격이 외향적이고 창의적인 데다가 성격이 활달해서 방송 쪽 일이 잘 맞는다고 했어요.

리타오 그런 프로그램이 있으면 정말 도움이 되겠어요. 선배들이 후배들에게 실제적으로 도움이 됐으면 하는 것들을 다방면으로 준비해서 이야기해 주는 거군요. 자기 적성도 파악할 수 있고요.

한 아 네, 전공이나 직업은 적성과 흥미 그리고 가치관 등을 두루 고려해서 선택해야 하잖아요. 그런데 대학생 선배들이 직접 공부하고 있는 것들을 이야기해 주니까 구체적으로 생각하고 고민할 수 있게 되더라고요.

외향적 창의적 활달하다 실제적 파악하다 두루

어휘

어휘 1

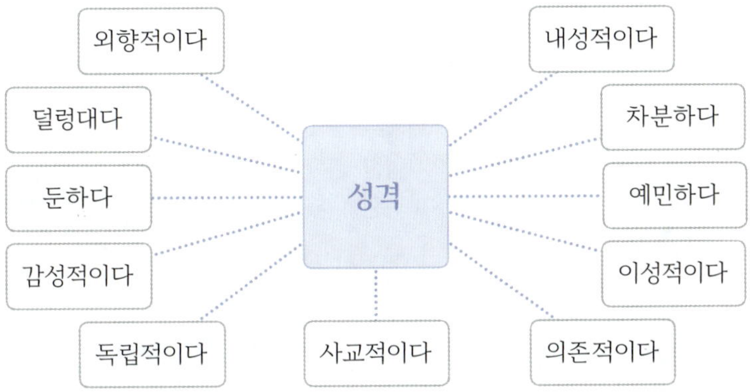

• 쌍둥이 형제나 자매도 성격이 다르다고 합니다. (   )에 알맞은 표현을 쓰십시오.

쌍둥이 형	쌍둥이 남동생
나는 사람들과 만나서 시간을 보내는 게 즐거워. (보기 외향적)	사람들과 어울리는 것보다 혼자 있는 게 좋아. ① ( )
물건을 자주 잃어버리고 일을 할 때도 실수가 많아. ② ( )	쉽게 흥분하거나 당황하지 않아. 조용한 편이야. ③ ( )
상황 파악이 조금 느릴 때가 있지만 이런 성격 덕분에 스트레스도 덜 받아. ④ ( )	다른 사람들과 이야기하거나 일할 때 작은 것까지 하나하나 신경이 쓰여. ⑤ ( )
새로운 사람을 만났을 때 금방 친해져. ⑥ ( )	마음보다는 머리로 먼저 생각해. 좋고 나쁜 것보다 맞고 틀린 게 더 중요하다고 생각해. ⑦ ( )

• 여러분의 가족과 여러분은 성격이 비슷합니까? 다릅니까? 보기 와 같이 이야기하십시오.

보기

가 저희 아버지는 **내성적인** 성격이셔서 집에서 혼자 조용히 시간을 보내는 것을 좋아하세요. 음악을 듣거나 소설을 읽으면서 가끔 눈물을 흘리기도 하는 **감성적인** 면도 가지고 계시고요.

나 아버지가 멋지시네요. 어머니는 어떠세요?

가 어머니는 성격이 **외향적이셔서** 외부 활동이 많은 편이시고 혼자 여행도 잘 다니세요.

나 어머니는 **독립적인** 성격이신가 봐요. 올리비아 씨는 어머니를 닮으셨네요.

어휘2

가치관
인생관
세계관
직업관
교육관
결혼관

• 영화 제작사에 지원한 학생의 자기소개서입니다. ( )에 알맞은 단어를 쓰십시오.

자기소개서

자기소개 및 지원 동기

저는 넓은 세상에서 직접 경험하고 배우는 지식을 중요하게 여기는 (보기 교육관을)을/를 가진 부모님 밑에서 자랐습니다. 많은 여행을 통해 다른 사람을 인정하는 마음을 가지고 진심으로 대하면 서로 소통할 수 있다는 것을 배웠습니다. 이를 바탕으로 다른 사람의 감정과 ① (   )을/를 존중하고 이해하면서 한 작품 한 작품 소중히 만들어 나가고자 합니다.

영화는 한 사람의 ② (   )을/를 변화시킬 수 있는 힘이 있습니다. 저는 제 꿈을 펼칠 수 있고 사람들에게 긍정적인 영향을 끼칠 수 있는 직업이 좋은 직업이라는 ③ (   )을/를 가지고 있습니다. 또한 영화를 보면서 그 작품을 쓰고 만든 작가와 감독의 ④ (   )에 다가가는 것이 저에게는 큰 즐거움이었습니다. 이제 제가 느꼈던 감동과 즐거움을 'YS 영화사'에서 일하면서 다른 관객들에게도 전하고 싶습니다.

• 여러분의 인생에 영향을 끼친 것은 무엇입니까? 보기 와 같이 이야기하십시오.

보기

가 흐엉 씨의 인생에 영향을 끼친 것은 뭐예요?
나 저는 부모님의 **인생관**에서 영향을 가장 많이 받았어요. 유키 씨는요?
가 저는 고등학생 때 책을 많이 읽었는데 그때 읽었던 책들에서 영향을 많이 받았어요.
 지금 저의 **가치관**과 **직업관**도 그때 형성됐어요.
나 어떤 책인지 궁금해요. 저도 읽어 보고 싶어요.

-었으면/았으면/였으면 하다

동사나 형용사에 붙어서 말하는 사람의 바람이나 희망을 나타낸다. '하다' 대신에 '좋다', '싶다'를 쓸 수 있다.

- 올해는 계획하신 일들이 모두 이루어지셨으면 합니다.
- 음식이 맛은 있는데 조금만 덜 달았으면 해요.
- 나는 내가 좀 더 적극적인 사람이었으면 좋겠어.
- 엄마는 형인 네가 동생에게 조금만 양보했으면 싶다.

가 이번 추석 연휴에 특별한 계획 있어?
나 아니, 그냥 집에서 푹 쉬었으면 해.

가 졸업 후에 뭘 할 계획이세요?
나 저는 공부를 좀 더 하고 싶은데 부모님은 취직을 했으면 하셔서 고민 중이에요.

- 신입 사원들의 대화입니다. 보기 와 같이 이야기하십시오.

신입 사원 A		신입 사원 B	
보기 아직 모르는 것이 많고 정신이 없다.	업무에 빨리 익숙해지다	1) 일 처리를 잘 못할 때마다 부족함을 느낀다.	내가 좀 더 능력 있는 사람이다
2) 회식을 너무 자주 해서 힘들다.	회식을 안 하다	3) 팀장과 성격이 안 맞는다.	팀을 옮기다
4) 팀에서 막내여서 시키는 일이 너무 많다.	내 밑으로 신입 사원이 들어오다	5) 지금의 월급으로는 저축을 많이 하지 못한다.	빨리 승진해서 월급이 오르다

보기

가 요즘은 회사 생활이 어때?
나 아직도 모르는 것도 많고 정신도 없어. 업무에 빨리 **익숙해졌으면 하는데** 적응하기가 쉽지 않네.
가 나도 마찬가지야. 나는 ….

연습해 봅시다

- 여러분은 인생과 직업, 결혼, 교육 등에 대해서 어떤 생각을 가지고 있습니까? 어떻게 살고 싶습니까? 보기 와 같이 이야기하십시오.

	성격	생각
보기	외향적이다, 사교적이다	후회 없는 삶을 살고 싶다.
1)	독립적이다, 이성적이다	혼자 자유롭게 일할 수 있는 직업을 갖고 싶다.
2)	감성적이다, 예민하다	내 감정을 공감해 주고 대화가 잘 통하는 사람과 결혼하고 싶다.
3)		

보기

가 저는 **외향적**이고 **사교적**인 편이어서 새로운 사람들을 만나고 친구를 사귀는 것이 즐거워요.

나 그럼 어떤 **인생관**을 가지고 있어요?

가 저는 후회 없는 삶을 **살았으면 해요**. 그래서 적극적으로 하고 싶은 것들을 하면서 살고 있어요. 여기저기 다니면서 새로운 것을 경험하고 배우다 보면 에너지도 생기고 스트레스도 풀려요.

나 그럼 한아 씨는 기자가 잘 어울리겠어요.

2. 구인과 구직

- 여러분은 취업을 위해 어떤 준비를 하고 있습니까?
- 여러분이 기업의 대표라면 어떤 직원을 뽑고 싶습니까?

하늘 형, 저 지난주에 면접시험 봤던 신문사 인턴 모집 결과가 나왔는데 떨어졌어요. 이번에는 이력서와 자기소개서도 열심히 작성했고 면접시험 준비도 많이 해서 설마 떨어질까 싶었는데….

선배 그랬구나. 그 신문사는 근로 조건도 좋고 너도 의욕적으로 준비하는 것 같고 해서 잘됐으면 했는데 아쉽다.

하늘 아무래도 준비가 부족했나 봐요. 그런데 요즘 뉴스를 보면 취업률도 높지 않다고 하고 저도 자꾸 떨어지니까 점점 자신감이 없어져서 걱정이에요.

선배 구직 희망자에 비해서 실제로 채용되는 수는 많지 않으니까 취업이 쉽지 않겠지. 그래도 네가 하고 싶은 일을 포기하지 말고 끈기 있게 노력하다가 보면 분명히 너를 알아봐 주는 곳이 있을 거야. 나도 혹시 좋은 자리가 생기면 연락해 줄게.

하늘 네, 저도 기자가 되겠다고 마음을 먹은 이상 끝까지 해 보려고요. 격려해 주셔서 감사합니다.

면접시험 모집 작성하다 근로 의욕적 취업률 구직 채용 끈기

어휘

어휘1

구인과 구직

구인·구직 관련 표현	일자리의 종류	직종
· 취업률 · 구인난 · 실업률 · 취업난 · 구직난 · 평생직장	· 정규직 · 계약직 · 일용직 · 임시직 · 아르바이트	· 관리직 · 서비스직 · 사무직 · 판매직 · 연구 기술직 · 생산직 · 교육직 · 전문직

• (　　　)에 알맞은 표현을 쓰십시오.

· 학교에서 교사로 일하고 있음.
(보기 교육직)
· 계약을 매년 하지 않고 정년까지 근무가 가능함.
1 (　　　　　　　　)
· 정년퇴직할 때까지 학교에서 일할 수 있음.
2 (　　　　　　　　)

· 커피숍에서 하는 일은 커피와 케이크를 판매하는 일임.
3 (　　　　　　　　)
· 커피숍에서 시간제 근무를 하고 있음.
4 (　　　　　　　　)
· 선배들이 취업이 잘되지 않는 것을 보고 요즘 걱정이 많음.
5 (　　　　　　　　)

· 회사에서 일하고 있음.
6 (　　　　　　　　)
· 육아 휴직 중인 직원 대신 일하고 있음.
7 (　　　　　　　　)
· 좋은 자리가 생겨서 그만두고 싶은데 사장님이 사람 구하기가 어렵다고 하면서 계속 일해 달라고 함.
8 (　　　　　　　　)

• 여러분 나라의 취업률과 실업률의 상황은 어떻습니까? 보기 와 같이 이야기하십시오.

보기

가 우리나라는 요즘 기업들이 신입 사원을 많이 뽑지 않아서 **취업난**이 심각하다고 해요. 특히 **사무직**은 취직이 잘 안 된대요.

나 우리나라도 경제가 어려우니까 회사에서 직원들을 많이 내보내서 **실업률**이 높은 편이에요.

가 그럼 **정규직**으로 취업하기는 쉽지 않겠어요.

나 네, **평생직장**이란 생각은 이제 없어지고 있는 것 같아요.

어휘2

추측의 부사	
아마 혹시 설마 아무래도 어쩌면	-을 것이다 -이/가 아니에요?, -지 않아요? -겠어요? -어야겠다 , -을 것 같다 -을지도 모르겠다

- 형과 동생의 대화입니다. (   )에 알맞은 단어를 쓰십시오.

동생 오늘 엄마랑 전화 통화를 했는데 엄마 목소리가 안 좋더라. 형 (보기 혹시) 무슨 일 때문인지 알아?
형 나도 느꼈는데 우리가 독립해서 집에서 나오니까 외로워서 그러신 것 같아. 우리가 독립한 지 얼마 안 됐잖아. ① (   ) 많이 허전하실 거야.
동생 에이, 우리 때문에 늘 힘들다고 하셨었는데 ② (   ) 우리가 없어서 그러시겠어?
형 그래도 부모님 마음은 그렇지 않지. ③ (   ) 자주 연락을 드려야겠어.
동생 그렇구나. 나는 우리가 없어서 엄마가 많이 편해지실 거라고 생각했는데 ④ (   ) 엄마가 우리 다시 같이 살자고 하실지도 모르겠다.

- 보기 와 같이 이야기하십시오.

완벽한 통·번역기의 개발　　학교에 오지 않는 친구
건강 검진을 앞둔 사람　　시험 결과를 기다리는 사람

보기

가 하늘 씨는 완벽한 통·번역기가 나와도 외국어 공부를 계속할 거예요?
나 **아무래도** 안 하게 될 것 같아요. 그런데 **설마** 사람보다 더 정확한 기계가 만들어질 수 있겠어요?
가 과학 기술이 빠르게 발전한다면 **아마** 가능할 거예요.
나 에릭 씨의 이야기를 듣고 보니 **어쩌면** 정말 그런 세상이 올지도 모르겠다는 생각이 들어요.

-는/은/ㄴ 이상

동사나 형용사에 붙어서 앞 문장의 내용이 이미 정해졌거나 확실한 사실이므로 뒤 문장의 상황이 당연함을 나타낸다.

- 한국에 살고 있는 이상 한국 문화에 적응하도록 노력해야지.
- 반대하는 사람이 훨씬 많은 이상 이대로 진행하기는 어렵습니다.
- 잘못을 한 이상 책임을 져야 한다.
- 부모인 이상 자식이 잘못된 길로 가는 것을 보고만 있을 수는 없다.

가 너무 어려워서 공부를 포기하고 싶어요.
나 포기하지 마세요. 공부를 시작한 이상 끝을 내야지요.

가 잠깐만 들어가도 될까요?
나 관계자가 아닌 이상 출입이 불가합니다.

- 친구 사이의 대화입니다. 보기 와 같이 이야기하십시오.

보기 작년에 승진하지 못했다.	올해 승진했다.	회사의 발전을 위해서 더 열심히 일해야 한다.
1) 이전 팀에 만족하면서 근무하고 있었다.	팀을 옮겼다.	빨리 적응하기 위해서 팀원들과 잘 어울려야 한다.
2) 팀에서 막내여서 상사들이 시키는 일만 했다.	후배 사원이 들어왔다.	선배로서 모범을 보여야 한다.
3) 일이 힘들어서 그만두고 싶을 때가 있다.	월급이 올랐다.	더 열심히 일해야 한다.
4) 영어에 자신감이 없다.	새로운 팀에서 가장 중요한 것은 영어 실력이다.	영어 공부에 더 신경 써야 한다.
5) 그동안 휴가를 못 갔다.	오랜만에 휴가를 받았다.	하고 싶은 것들을 다 할 것이다.

보기

가 야, 이번에 승진했다면서? 축하한다.
나 응, 작년에는 떨어져서 많이 속상했는데 이번에는 잘돼서 기쁘다. 승진을 **한 이상** 회사의 발전을 위해 더 열심히 일해야지.
가 승진하면서 팀도 옮겼다고 들었어.
나 응, ….

연습해 봅시다

- 구인과 구직에서 겪는 어려움을 해결하기 위해 해야 할 일은 무엇이라고 생각합니까? 보기 와 같이 이야기하십시오.

현상	의견	앞으로의 상황
보기 청년층의 실업률이 계속해서 오르고 있음.	전문가들이 손 놓고 있어서는 안 됨.	정부의 고용 정책을 수정해야 함.
1) 대기업만을 선호하는 분위기가 확산되고 있음.	중소기업들의 구인난은 계속될 것임.	중소기업에 대한 구직자들의 생각이 달라질 것임.
2) 계속해서 로봇 기술이 발전함.	사라지는 직업은 점점 늘어날 것임.	직업이 모두 없어지지는 않을 것임.
3)		

보기

가 요즘 청년층의 **실업률**이 계속해서 오르고 있다면서요?

나 네, 청년층의 **실업률**이 계속해서 오르고 **있는 이상** 전문가들이 손 놓고 있어서는 안 된다고 생각해요.

가 그럼 이 문제를 해결하기 위해서는 어떻게 해야 할까요?

나 제 생각에는 **아무래도** 정부의 고용 정책을 수정하는 것이 가장 중요할 것 같아요.

복습

1 알맞은 단어를 골라서 (　　)에 쓰십시오.

끈기　두루　실제적　의욕적　작성하다　창의적

요즘 에스엔에스(SNS)에는 '집 꾸미기'. '방 꾸미기' 사진이 많이 올라온다. 검색하다가 보면 ❶ (　　　　)인 인테리어도 많다. 그래서 나도 작은 방이지만 나만의 공간을 만들어 보기로 결심했다. 예쁘면서도 ❷ (　　　　)으로/로 생활이 편리해지도록 다방면을 고려해서 계획을 세웠다. 사진 자료도 ❸ (　　　　) 찾아보고, 구입해야 하는 품목들의 목록도 ❹ (　　　　)었다/았다/였다.

평소에는 ❺ (　　　　)이/가 없어서 뭐든 금방 포기하는 성격이지만 방이 조금씩 예뻐지니까 힘들어도 ❻ (　　　　)으로/로 할 수 있었다. 그리고 완성된 방의 모습을 에스엔에스(SNS)에 공유해서 좋은 반응도 얻었다.

2 다음 문법을 사용하여 이야기를 완성하십시오.

-었으면 하다　-는 이상

가　어제 원룸을 계약하고 간 사람인데요. 아무래도 월세가 좀 부담스러워서 계약을 ❶ ________ (취소하다)

나　계약서를 ❷ ________ (작성하다) 취소는 어렵습니다. 위약금으로 계약금의 2배를 내셔야 해요. 그래도 취소하시겠어요?

가　아, 그래요? 알겠습니다. 그럼 다시 생각해 보고 연락드리겠습니다.

12과

경제와 생활

01 시장의 변화

대화 어휘 급변, 대행, 물품, 에프티에이(FTA), 채널, 단축, 띄다, 체결되다

확장 어휘 관세, 급등, 급락, 보급, 생활화, 철폐, 취향, 자유 무역

문법 을 통해

02 소비자 피해와 보상

대화 어휘 근본적, 대외적, 만족도, 문책, 보상금, 신뢰도, 은폐하다, 지급하다, 추락하다

확장 어휘 가해, 리콜, 무상, 배상, 보장, 보증, 보증서, 사과문, 상해, 파손, 하자, 한국 소비자원

문법 -게 생기다

1. 시장의 변화

MP3 / 23

- 물건을 구입하는 여러 가지 방법에 대해서 말해 보세요.
- 싸고 좋은 물건을 살 수 있는 방법을 알고 있습니까?

존 우리 조 발표 주제는 시장의 변화인데요. 과거에 비해 급변하는 시장의 모습과 그 원인에 대해 이야기해 봅시다.

조원1 가장 눈에 띄는 변화는 오프라인 매장이 점점 사라지는 점인 것 같아요. 요즘은 다양한 채널을 통해 물건을 주문할 수 있잖아요.

조원2 기업 입장에서는 유통 단계가 단순해져서 합리적인 가격으로 상품을 제공할 수 있으니까 그런 거겠지요?

조원3 네. 또 요즘은 해외 사이트에서 물건을 직접 구매하거나 구매 대행 서비스를 이용하는 소비자의 수도 늘고 있어요.

존 취향에 맞는 여러 가지 물품을 저렴하게 살 수 있으니까요. 게다가 에프티에이(FTA)가 체결되면서 해외 물건 구매가 더 쉬워졌고 배송 기간도 단축되었어요.

급변 띄다 채널 대행 물품 에프티에이(FTA) 체결되다 단축

어휘 1

사회, 생활 모습
· 인터넷 보급
· 세계화
· 관세 철폐
· 자유 무역/보호 무역
· 인터넷 생활화
· 1인 가구 증가

소비 심리
· 개인의 취향
· 합리적인 가격
· 소포장 제품

시장
· 온라인 구매
· 구매 대행
· 공동 구매
· 해외 물건 직접 구매

• 뉴스 인터뷰의 일부입니다. (　　)에 알맞은 단어를 쓰십시오.

일부 국가와 무역을 할 때 (보기 관세) ❶ (　　　　　　)을/를 검토하고 있다는 정부 발표가 있었는데요. 이에 대해서 어떻게 생각하십니까?

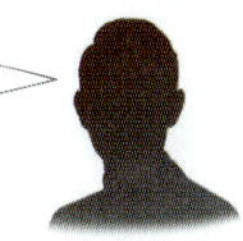

저는 제 ❷ (　　　　　　)에 맞는 물건을 합리적인 가격으로 사기 위해서 해외 사이트에서 ❸ (　　　　　　)을/를 많이 해요. 그런 물건을 같은 가격에 국내에서 직접 눈으로 보고 살 수 있다면 좋을 것 같은데요?

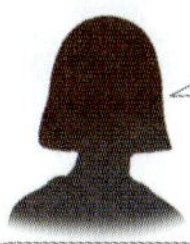

저는 해외 물건 ❹ (　　　　　　) 서비스를 자주 이용하는데 아무래도 환불이 쉽지 않거든요. 그런 저로서는 반가운 일이지요.

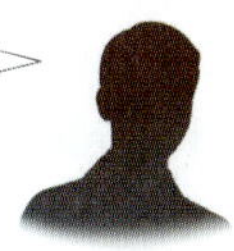

안 그래도 인터넷이 ❺ (　　　　　　)되고 해외 구매가 늘어나면서 저희 같은 유통업계에서는 손해가 너무 큰데 관세까지 철폐한다니 말도 안 됩니다. ❻ (　　　　　　)이/가 시작되면 국내 시장이 어려워질 수 있습니다. 그래서 아직 ❼ (　　　　　　)을/를 하는 나라들이 많은 겁니다.

• 온라인에서 물건을 사 본 적이 있습니까? 보기 와 같이 이야기하십시오.

보기

가 요즘 젊은 세대는 온라인 쇼핑몰에서 물건을 사는 것이 **생활화**된 것 같아요. 저 같은 경우도 발이 커서 신발은 항상 해외 상품을 사거든요.

나 해외 물건을 사는 것이 어렵지 않아요?

가 아니요. 요즘은 **구매 대행** 사이트가 많아서 더 쉽고 싸게 살 수 있고 **관세**가 붙지 않는 제품은 국내보다 더 저렴하게 살 수 있기도 해요.

어휘2

급변
급증
급감
급등
급락

• 경제 뉴스입니다. ( )에 알맞은 단어를 쓰십시오.

경제

주식 시장은 예상하기 어렵게 (보기 급변)한다고들 하는데 그 말이 맞는 것 같습니다. 지난 4월 국가 신용 등급이 떨어질 거라는 소문과 기름값이 인상될 거라는 소문으로 외국인 투자자들이 많이 빠져나갔고 주가가 ❶ (   )했습니다. 이로 인해 국내 투자자들이 손해를 봤습니다. 그러나 그 소문이 사실이 아님이 밝혀지면서 4월 이후 한동안 ❷ (   )했던 거래량이 다시 ❸ (   )하였고 떨어졌던 주식값이 순식간에 ❹ (   )하였습니다.

• 보기 와 같이 이야기하십시오.

부동산 환율 물가 인구

보기

아나운서 최근 집값이 **급등**하였습니다. 이러한 현상의 원인은 무엇이고 해결 방안은 무엇이라고 생각하십니까?

전 문 가 수요가 더 많기 때문이지요. 최근 정부에서 부동산 정책을 내놓았는데 이로 인해 부동산 거래량이 **급감**하였고 수요와 공급의 법칙에 따라 집값이 오를 수밖에 없었던 겁니다.

을/를 통해

명사에 붙어서 수단이나 과정, 경험을 나타낸다.

- 고정 관념이나 선입견은 교육을 통해 얼마든지 깰 수 있어요.
- 외식 사업을 통해 큰돈을 번 백 사장이 또 다른 사업을 생각 중이다.
- 대통령이 자신의 에스엔에스(SNS)를 통해 국민들에게 새해 인사를 했다.
- 카메라 렌즈를 통해 보이는 여자 친구의 환한 미소에 가슴이 설렌다.

가 하숙집 아주머니가 갑자기 방을 비우라고 하시는데요. 저 어떡하죠?
나 얼마 전 비슷한 일을 겪은 친구가 있었는데 그 친구는 외국인 무료 법률 상담실을 통해 도움을 받았다고 했어요.

가 통역 아르바이트를 한다면서요? 어떻게 하게 되었어요?
나 제임스 씨를 통해 소개받아서 하게 되었어요.

- 역사 박물관에 가서 두 사람이 대화합니다. 보기 와 같이 이야기하십시오.

B.C.5000 | B.C.37 | 1398 | 1987 | 1997

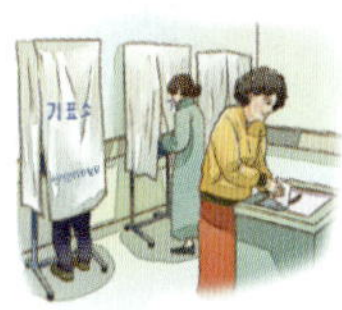

보기 바위에 그려진 그림	그 시대 사람들의 생활 모습을 알 수 있다.
1) 무덤 양식	그 시대 사람들의 사후 세계관을 알 수 있다.
2) 교육	나라를 발전시킬 수 있다고 생각했다.
3) 선거	대통령을 직접 뽑게 되었다.
4) 어려운 시간	국민이 하나가 되어 어려움을 극복해 내는 법을 배웠다.
5) 역사	앞으로 나아갈 방향을 알 수 있다.

보기

가 이것 좀 봐. 신기하지 않아?
나 바위에 그려진 그림**을 통해** 그 시대 사람들의 생활 모습을 알 수 있다는 게 정말 신기하다.
가 그리고….

연습해 봅시다

• 앞으로는 어떤 변화들이 있을까요? 보기 와 같이 의견을 이야기하십시오.

	현재	미래의 모습	부작용
보기 상품 제공 단위	1인 가구 대상 상품들의 증가	맞춤형 서비스 - 개인의 취향에 맞는 서비스 제공	개인 정보 유출 급증
1) 해외 구매	구매 채널의 다양화	더욱 빨라진 교통수단 - 배송 시간 단축	국내 기업들의 판매량 급감
2) 결제 방법	신용 카드 사용의 생활화	가상 화폐 보급 - 편리한 경제생활 가능	급변하는 사회를 따라갈 수 없는 노년층의 경제력 약화
3)			

보기

가 요즘은 소포장 제품과 같은 1인 가구 대상 상품들이 **눈에 띄게** 증가했어요. 앞으로는 또 어떤 변화가 있을까요?

나 제 생각에는 앞으로는 맞춤형 서비스**를 통해** 개인의 **취향**에 맞는 서비스를 제공할 것 같아요.

가 그것의 부작용에는 어떤 것이 있을까요?

나 기업들이 소비자들의 자세한 개인 정보를 가지게 되면서 개인 정보 유출이 **급증**할 수도 있다는 부작용이 있을 수 있어요.

2. 소비자 피해와 보상

- 제품에 문제가 생겼을 때 회사로부터 어떤 서비스를 받고 싶습니까?
- 제품에 문제가 생겼을 때 만족스럽지 못한 서비스를 받았다면 어떻게 하시겠습니까?

사장 우리 회사 신제품에 배터리 결함이 발견되어 소비자들이 단체로 고발을 했습니다. 도대체 어떻게 된 일입니까?

팀장 다른 회사 제품보다 먼저 시장에 내놓기 위해 너무 서두른 것이 문제였던 것 같습니다. 죄송합니다. 하루빨리 문제를 해결하도록 하겠습니다.

이사 이번 일의 근본적인 문제는 신뢰도에 금이 갔다는 겁니다. 그동안 우리는 소비자 만족도 조사에서 항상 최고 등급을 유지해 왔는데 회사 이미지가 추락하게 생겼습니다.

팀장 우선 피해를 입은 소비자들에게 보상금을 지급하겠습니다. 그리고 잘못을 은폐하려 한다는 이야기까지는 절대 듣지 않도록 문제의 원인과 해결 과정을 대외적으로 공개하겠습니다.

사장 일단 그렇게 하도록 하고 신제품 개발 담당자들을 철저히 문책하여 책임을 지도록 해야 할 겁니다.

근본적 신뢰도 만족도 추락하다 보상금 지급하다 은폐하다 대외적 문책

어휘

어휘 1

제품	피해	대응	해결 방법
품질 → 보장 보증 기간 보증서	하자 결함 고장 손상 파손	수리 요청 환불 요청 고발 신고 고소 소비자 게시판 한국 소비자원	무상 수리 교환 환불 손해 배상 리콜 보상금 사과문

• 새로 구입한 노트북의 품질 보증서입니다. ( )에 알맞은 단어를 쓰십시오.

품질 (보기 보증서)

아래와 같이 ① ( )합니다.

1. 본 제품은 엄격한 품질 관리 및 검사 과정을 거쳐서 만들어진 제품입니다.
2. 소비자의 정상적인 사용 중 고장이 발생하였을 경우 보증 기간 동안은 ② ( ) 수리를 해 드립니다.
3. 소비자가 사용하는 중에 제품에 심각한 ③ ( )을/를 입힌 경우에는 수리가 불가능합니다.
4. 소비자가 사용하기 전에 제품에 ④ ( )이/가 있는 경우 새 제품으로 ⑤ ( ) 해 드립니다.
5. 배송 중 제품이 ⑥ ( )된 경우에는 손해 ⑦ ( )을/를 받을 수 없습니다.

제품명	YSKLI 노트북	보증 기간	
모델명	KLI486-YSU	2025.11.11. - 2026.11.11.	
제조 번호	21235468		
판매일	2025.11.11		
구입자 주소	서울시 서대문구 연세로 연세대학교		
성명	원두우	전화	02-2123-1234

• 물건에 문제가 생긴 적이 있습니까? 보기 와 같이 이야기하십시오.

보기

가 얼마 전에 인터넷으로 핸드폰을 사서 배송 받았는데 화면이 깨져 있었어요.
나 그런 건 **교환**이나 **환불**을 받을 수 있잖아요?
가 그런데 이건 배송 중 **파손**된 것이어서 안 된다고 하더군요. 그런데 택배 회사에서도 책임이 없다고 하는 거예요.
나 그럼, **소비자 게시판**에 글도 올리고 **한국 소비자원**에 **고발**도 하는 게 좋겠어요.

어휘2

방해
손해
피해
상해
가해
침해

- 아파트의 안내문입니다. ( )에 알맞은 단어를 쓰십시오.

<주의 사항 안내>

최근 집에서 키우는 반려동물이 지나가는 주민의 신체에 (보기 상해를)을/를 입히거나 물건을 물어서 ① ( )을/를 입히는 경우가 많습니다. 나에게는 사랑스러운 반려 동물이라도 누군가에게는 위협이 될 수 있으므로 입마개와 목줄을 꼭 사용하여 주시기 바랍니다.

누구나 ② ( )자가 될 수 있다는 생각을 하며 조심하여 주시길 바랍니다. 간혹 개인의 자유를 ③ ( )하는 것이 아니냐고 말씀하는 분들이 계시지만 이곳은 여러 세대가 함께 사는 아파트입니다. 함께 사는 아파트 주민들의 화합에 ④ ( )되지 않도록 모두가 노력합시다.

아파트 관리 사무소 소장

- 누구에게 피해를 주거나 피해를 받은 적이 있습니까? 보기 와 같이 이야기하십시오.

보기

가 저는 얼마 전 고시원으로 이사를 했는데 저도 모르게 가해자가 된 일이 있었어요.
나 무슨 일이 있었는데요?
가 아르바이트가 늦게 끝나서 밤늦게 샤워를 하고 잤는데 그 다음날 아침에 제 방문에 조용히 해 달라는 쪽지가 수십 장이 붙어 있는 거예요.
나 수면에 방해를 받아서 다들 화가 났었나 봐요. 그래도 좀 당황스러웠겠어요.

-게 생기다

동사에 붙어서 일의 상태가 부정적인 어떤 상황에 놓이게 되었음을 나타낸다. 완료형으로 쓰인다.

- 손님이 없어서 가게 문을 닫게 생겼다.
- 월세를 내지 못해서 길바닥으로 쫓겨나게 생겼다.
- 은행에 빚을 갚지 못해서 회사가 문을 닫게 생겼다.
- 어제 시험공부를 하나도 못 해서 시험을 망치게 생겼다.

가 부장님이 퇴근하시면서 내일 아침까지 보고서를 완성해 놓으라고 하셨어.
나 뭐라고? 오늘도 야근하게 생겼네.

가 기사님, 조금만 더 빨리 가 주시면 안 될까요? 학교에 지각하게 생겼어요.
나 손님, 여기 규정 속도가 시속 50km입니다. 더 빨리는 못 달려요.

- 건물에 불이 나서 소방대원들이 도착했습니다. 보기 와 같이 이야기하십시오.

상황	앞으로 일어날 것 같은 안 좋은 일
보기 바람이 많이 분다.	다른 건물에도 불이 붙을 것 같다
1) 건물 옆에 오래된 나무들이 많다.	나무가 다 탈 것 같다
2) 건물 위에서 벽돌이 떨어진다.	소방대원이 다칠 것 같다
3) 불이 건물 전체로 옮겨 붙었다.	건물이 무너질 것 같다
4) 소방대원 한 명이 많이 다쳤다.	그대로 두면 죽을 것 같다
5) 건물 주변까지 피해가 너무 크다.	주변 상인들이 큰 손해를 볼 것 같다

보기

소방대원1 바람이 많이 불어서 다른 건물에도 불이 **붙게 생겼습니다!**
소방대원2 그뿐만 아니라….

연습해 봅시다

• 다음의 문제에 대해 보기 와 같이 이야기하십시오.

문제 상황	걱정	의견1	의견2
보기 싼 가격으로 치킨을 파는 대기업 때문에 작은 가게들의 손해가 크다.	가게 문을 닫을 것 같다.	대기업에 손해 배상을 요구해야 한다.	근본적으로 해결할 수 있는 방법을 생각해야 된다.
1) 한 직원이 회사 내 폭력 사건을 방송국에 알렸다.	일이 커질 것 같다.	가해자를 찾아내서 문책을 해야 한다.	회사 차원에서 사과문도 올려야 된다.
2) 우리 회사 드라이어에서 타는 냄새가 난다는 신고가 많다.	휴가를 못 갈 것 같다.	제품 결함의 원인만 알아내면 된다.	상해를 입는 소비자가 생길 수도 있으니까 모든 제품에 리콜 서비스를 해야 된다.
3)			

보기

가 대기업에서 싼 가격으로 치킨을 파니까 우리 같이 작은 가게를 하는 사람들은 **손해**가 너무 커요.

나 그러게 말이에요. 이러다가 가게 문을 **닫게 생겼어요**.

가 대기업에 손해 **배상**을 요구해야 하는 거 아니에요?

나 글쎄요. 그것보다는 **근본적**으로 해결할 수 있는 방법을 생각해야 돼요. 치킨 사업 같은 건 대기업이 못 하도록 말이에요.

복습

1 알맞은 단어를 골라서 (　　)에 쓰십시오.

대행	단축	체결되다	채널	띄다	물품

최근 해외 온라인 쇼핑몰을 잘 이용하지 못하는 분들을 위한 구매 ① (　　　　　　　) 서비스가 눈에 ② (　　　　　　　)게 급증했다. 이는 다양한 ③ (　　　　　　　)을/를 통해 원하는 ④ (　　　　　　　)을/를 구매하고 싶은 소비자의 욕구 때문인데 그동안은 배송 기간이 길다는 단점이 있었다. 그러나 여러 나라와 에프티에이(FTA)가 ⑤ (　　　　　　　)으면서/면서 세관 통과 시간이 많이 ⑥ (　　　　　　　)되었기 때문에 비교적 빠른 시간 내에 물건을 받을 수 있게 되었다.

결함	보상	추락	근본적	신뢰도

얼마 전 한 자동차 회사에서 내놓은 신형 자동차의 엔진에 ⑦ (　　　　　　　)이/가 생겨 폭발하는 사고가 발생했습니다. 이번 사고로 인해 해당 업체의 대외적 이미지가 ⑧ (　　　　　　　)하였습니다. 피해자들은 피해 ⑨ (　　　　　　　)을/를 요구하고 있으며, 신제품 개발팀 관계자는 ⑩ (　　　　　　　)인 문제 해결을 하여 ⑪ (　　　　　　　)을/를 회복하겠다고 답했습니다.

2 다음 문법을 사용하여 이야기를 완성하십시오.

을 통해	-게 생기다

친구1 왜 비를 맞았어?

친구2 아침에 나올 때는 분명히 맑을 거라고 했는데 갑자기 비가 오는 거야.
요즘은 ① ________________ (인터넷 사이트) 실시간으로 달라지는 날씨를 반영한 예보를 한다고는 하는데 솔직히 별로 도움이 안 되는 것 같아.

친구1 맞아. 그나저나 너 옷도 얇게 입고 나왔는데 비까지 맞아서 ② ________________ (감기 걸리다)

13과

유행과 한류

01 옷차림과 유행

대화 어휘 각양각색, 대세, 복장, 포인트, 돋보이다, 선보이다, 수수하다

확장 어휘 각인각색, 무색무취, 천편일률, 형형색색, 앞서가다, 주도하다, 튀다, 무난하다

문법 -자니

02 세계 속의 한류

대화 어휘 연습생, 한류, 열풍, 마니아, 프로듀서, 한결같다, 연예 기획사, 케이 팝

확장 어휘 붐, 열광, 열애, 열중, 입소문, 주목, 콘텐츠, 일다, 열렬하다, 친근하다

문법 -을걸

MP3 / 25

1. 옷차림과 유행

- 어떤 옷을 즐겨 입습니까? 왜 그 옷을 즐겨 입습니까?
- 여러분 나라에서 현재 어떤 패션이 유행입니까?

진행자 연말연시를 앞두고 모임 옷차림에 대한 문의가 쏟아지고 있는데요. 격식을 차려 입자니 부담스럽고 편한 복장을 하자니 예의가 없거나 너무 수수해 보일까 봐 걱정이 되고 해서 고민들이 많으신가 봐요. 연말 모임 복장, 어떻게 하는 게 좋을까요?

스타일리스트 요즘은 너무 형식을 갖춰 입기보다는 자신의 개성이 드러나게 입는 것이 대세입니다. 무조건 잘 차려 입기보다는 평소에 즐겨 입던 복장에 액세서리 등으로 포인트만 주는 것이 자신의 개성을 잘 드러내는 방법입니다. 너무 차려 입는 건 오히려 유행에 뒤처진 느낌을 줄 수 있습니다.
실제로 작년 연말 행사에 참석한 연예인들만 봐도 힙합이나 진 등 각양각색의 다양한 패션을 선보였습니다. 올해 모임에는 자신의 개성이 돋보일 수 있는 패션을 준비해 보세요.

복장 수수하다 대세 포인트 각양각색 선보이다 돋보이다

어휘 1

유행이다 유행하다 대세이다	유행을 주도하다 유행을 앞서가다	→	돋보이다 세련되다 무난하다
	유행을 따르다 유행을 뒤쫓다		
유행이 돌고 돌다	유행에 뒤처지다		튀다 촌스럽다 획일적이다 개성이 없다
	유행에 무관심하다		

• 친구들의 대화입니다. (　　)에 알맞은 표현을 쓰십시오.

난 유행을 (보기 주도하는)~~는/은/ㄴ~~ 패션 디자이너가 되고 싶어. 내 옷을 입는 사람들은 어디에서든지 ① (　　　　　)게 될 거야.

난 그냥 유행을 따르는 게 마음이 편해. 너무 유행을 ② (　　　　　)으면/면 튄다는 얘기를 듣고 유행에 ③ (　　　　　)으면/면 촌스럽다는 얘기를 듣잖아.

난 유행에 ④ (　　　　　)는/은/ㄴ 편이야. 내 스타일이 편해서 좋아. 너도나도 유행을 따르면 ⑤ (　　　　　)이/가 없어 보여서 별로인 것 같아.

• 유행을 따르는 편입니까? 따르지 않는 편입니까? 보기 와 같이 이야기하십시오.

보기

가 요즘 앞머리를 내리는 게 **대세**라고 하길래 나도 앞머리를 내려 봤어. 어때?

나 넌 **유행을** 참 잘 **따르더라**. 요즘 밖에 나가 보면 다 그 스타일이던데 너무 **개성이 없는** 거 아냐?

가 유행을 따라 새로운 스타일을 한 번씩 해 보는 것도 나쁘지 않은 것 같아.

나 그건 그래. 하지만 난 남들이 뭐라고 해도 나만의 개성을 살리는 게 좋아.

어휘2

각양각색(各樣各色)
각인각색(各人各色)
형형색색(形形色色)
천편일률(千篇一律)
무색무취(無色無臭)

- 인터넷 광고입니다. (   )에 알맞은 표현을 쓰십시오.

- 추천하고 싶은 관광지에 대해 보기 와 같이 이야기하십시오.

보기

가 이번 가을에 해외여행을 갈까 하는데 어디가 좋을까요?
나 전 작년에 뉴욕에 가 봤는데 **각양각색**의 사람들과 문화를 접할 수 있어서 정말 좋았어요.
가 **천편일률**적인 관광 말고 좀 특별한 여행을 하고 싶은데요.
나 그럼 공원 투어를 해 보세요. **형형색색** 아름답게 물든 단풍도 구경하면서 힐링도 하실 수 있을 거예요.

-자니

동사에 붙여 '-려고 하니'의 뜻이나 그 행동을 하기가 망설여지거나 고민이 될 때 쓴다. '-자니 -고 -자니 -고 해서'의 형태로 써서 두 가지 중에 어느 것도 선택하기 어려운 상황을 나타낸다.

- 유행이 지난 옷을 버리자니 아까운 생각이 드네요.
- 별로 도와드린 것도 없는데 인사를 받자니 좀 미안한데요.
- 계속 이 회사에 다니자니 일이 적성에 안 맞고 이직하자니 용기가 안 나고 해서 어떻게 해야 할지 고민이야.
- 동생이 귀찮게 구는데 화를 내자니 엄마 눈치가 보이고 참자니 내 일을 못하겠고 해서 미치겠어.

가 육아 휴직이 끝나 가는데 아이를 남의 손에 맡기자니 마음이 안 놓여요.
나 걱정이 되시겠어요. 일하면서 애를 키우는 게 쉬운 일이 아닌 것 같아요.

가 과장님, 회식 장소는 어디로 할까요?
나 글쎄, 어디가 좋을까? 간단하게 하자니 직원들이 불만일 것 같고 제대로 하자니 회식비가 걱정이고 해서 고민이군.

• 우유부단해서 고민이 많은 사람입니다. 빈 칸을 채우고 보기 와 같이 이야기하십시오.

보기 지각했는데 문을 열고 들어가다	수업에 방해가 되다	복도에서 다음 시간까지 기다리다	시간이 아깝다
1) 다음 주가 시험인데 주말에 콘서트에 가다		콘서트에 가지 않고 시험공부를 하다	
2) 짝사랑하는 친구에게 고백하다		그냥 친구로 지내다	
3) 방학이 일주일인데 고향에 갔다 오다		한국에 남다	
4) 아르바이트를 하다		아르바이트를 안 하다	
5) 6급까지 공부하다		5급까지만 공부하다	

보기

가 왜 문 앞에 서 있어? 무슨 문제가 있어?
나 지각했는데 문을 열고 **들어가자니** 수업에 방해가 될 것 같고, 다음 시간까지 복도에서 **기다리자니** 시간이 아깝고 해서 고민하고 있었어.

연습해 봅시다

• 유행을 따르지를 고민하는 친구에게 보기 와 같이 조언하십시오.

유행하는 것	고민	조언
보기 분홍색 와이셔츠	입다 - 튀다 안 입다 - 유행에 뒤처지다	형형색색의 스타일
1) 단발머리	자르다 - 안 어울리다 기르다 - 유행에 뒤처지다	각양각색의 스타일
2) 미니스커트	짧은 치마 - 춥다 긴 치마 - 촌스럽다	각인각색의 매력
3)		

보기

가 요즘 분홍색 와이셔츠가 유행이라는데 **유행을 따라서 사 입자니** 좀 **튈까 봐** 걱정이 되고 안 사고 날마다 하얀색 와이셔츠를 **입자니 유행에 뒤처지는** 것 같고 해서 어떻게 할까 생각 중이야.

나 뭐 어때? 한번 해 봐. 요즘은 남자도 자기의 개성을 살려서 **형형색색**의 스타일을 시도하는 시대잖아. 한번 도전해 보는 것도 나쁘지 않을 것 같아.

2. 세계 속의 한류

- 한국에 오기 전에 어떤 한국 문화를 접해 봤습니까?
- 어떤 한국 문화가 여러분 나라에 많이 알려져 있습니까?

리타오 다니엘, 너 연예 기획사에 연습생으로 들어갔다면서? 축하해.

다니엘 고마워. 케이 팝에 빠진 후 3년 동안 한결같았던 꿈을 이뤄서 너무 기뻐.

리타오 어떻게 케이 팝에 빠지게 된 거야? 너희 나라에서도 한류 열풍이 불었어?

다니엘 열풍까지 분 건 아니었지만 인기를 꽤 끌었지. 열정적인 마니아 팬들이 생겼는데 우리 누나가 그중의 하나였어. 누나를 따라서 동영상을 찾아보다가 나도 빠지게 됐고. 리타오 너도 이쪽에 관심이 있지?

리타오 연예인이 되고 싶기도 하고 방송학을 전공해서 프로듀서가 되고 싶기도 해서 갈등 중이야. 아무튼 널 보니까 부럽다. 나도 노래와 춤 연습을 좀 더 열심히 할걸.

연예 기획사 연습생 케이 팝 한결같다 한류 열풍 마니아 프로듀서

어휘

어휘 1

한국 대중 문화의 특징		
친근한 이미지 공감을 얻는 내용 창의적인 문화 콘텐츠 연예 기획사의 체계적인 관리 시스템 입소문을 통한 마케팅과 홍보 관련 기술의 개발과 보급	→	인기를 끌다 반응이 열렬하다 언론이 주목하다 열풍이 불다 붐이 일다

• 유키 씨의 취재 수첩입니다. (　　)에 알맞은 단어를 쓰십시오.

한류 (보기 열풍)의 원인 분석

• 1990년대 이후 한국 대중음악의 해외 진출 시작
① (　　　　　)의 체계적인 교육과 관리 시스템 → 케이 팝 그룹의 뛰어난 보컬 실력과 칼군무 → 10~20대의 ② (　　　　　)는/은/ㄴ 반응

• 드라마에 나타난 가족애, 정 → 비슷한 문화권의 시청자에게 ③ (　　　　　)는/은/ㄴ 이미지를 제공하고 ④ (　　　　　)을/를 얻음.

• ⑤ (　　　　　)인 문화 콘텐츠 → 여러 나라에 예능 프로그램의 포맷 수출

• 관련 기술의 개발과 보급 → 에스엔에스(SNS)의 영향력을 활용한 마케팅

• 여러분 나라의 문화 중 세계적으로 널리 알려진 문화에 대해 보기 와 같이 이야기하십시오.

보기

가 일본의 경우에는 만화와 애니메이션이 세계적으로 많이 알려진 것 같아요.
나 맞아요. 제가 어렸을 때 우리나라에도 일본 만화 **열풍이 불었어요**. 내용이 **창의적이고** 캐릭터가 **친근한 이미지**여서 친구들이 좋아했던 것 같아요.
가 인도는 뭐니 뭐니 해도 영화가 제일 유명하지요? '발리우드'라는 말이 있을 정도잖아요.
나 네, 신나는 분위기와 **공감을 얻는** 내용 때문에 많은 사람들이 좋아해요.

어휘2

열정
열기
열광
열중
열애
열심

• 남자 친구에 대한 이야기입니다. ( )에 알맞은 단어를 쓰십시오.

옆에서 축구 경기에 (보기 열중)하고 있는 이 사람이 바로 제 남자 친구인데요. 우리는 월드컵으로 축구 ① ( )이/가 뜨거울 때 거리 응원을 하다가 만났어요. 누구보다도 열심히 ② ( )적으로 응원하는 모습에 반했어요. 이렇게 ③ ( )적인 사람이라면 뭘 해도 정말 열심히 해서 성공하겠구나 싶었어요. 그리고 이 사람하고 사귀면 드라마에 나오는 커플들처럼 뜨겁게 ④ ( )을/를 할 줄 알았어요. 그런데 사귀고 보니 이렇게 축구에만 열심이네요.

• 어떤 일에 빠져 본 적이 있습니까? 보기 와 같이 이야기하십시오.

보기

가 제가 초등학교 때 '포켓몬Go' **열풍**이 불었어요. 그때 저도 그 게임에 빠졌었어요.
나 그때 **열기**가 대단했지요? 게임에 **열중**하다가 사고가 나는 경우도 있었잖아요.
가 네, 그랬었죠. 노라 씨도 어떤 것에 빠져 본 적이 있어요?
나 네, 저는 한국 영화와 예능 프로그램에 빠져서 한국에 유학까지 왔어요. 요즘은 **열정**을 다해서 한국어 공부를 하고 있지요.

-을걸/ㄹ걸

동사에 붙여 그렇게 하지 않거나 하지 못해서 후회하거나 아쉬움을 표현할 때 쓴다.

- 나도 같이 여행을 갈걸.
- 길이 이렇게 험할 줄 몰랐어. 편한 신발을 신을걸.
- 네가 그 가수를 좋아하는 줄 알았다면 그 가수의 콘서트 표를 사 둘걸.
- 누나의 일기를 훔쳐봤는데 누나가 울고불고 난리가 났어. 보지 말걸.

가 어제 놀이공원에 여럿이 같이 가니까 더 재미있었던 것 같아.
나 그래? 그럼 나도 따라갈걸.

가 아까 길에서 홍보용으로 나눠 준 볼펜 받았지? 정말 잘 써지더라.
나 공짜라서 별로일 줄 알고 안 받았는데…. 그렇게 좋은 거라면 받을걸.

- 교실에서 친구와 대화합니다. 보기 와 같이 이야기하십시오.

보기

가 지난 주말에 반 모임에 왜 안 왔어? 정말 재미있었는데.
나 그래? 별로 재미있을 것 같지 않아서 안 갔는데. 그렇게 재미있을 줄 알았으면 **갈걸**.

연습해 봅시다

• 보기 와 같이 이야기하십시오.

행사	특징	후회
보기 인기를 끄는 가수의 콘서트	열광적인 분위기 열렬한 팬들의 반응	안 갔다
1) 케이 팝 열풍을 일으킨 아이돌 그룹의 팬 미팅	열정적으로 팬클럽 활동한 팬들만 초대 스타와 팬이 공감하는 시간	열심히 활동하지 못했다
2) 주목을 받는 신인 배우의 사인회	뜨거운 취재 열기 친근한 이미지와 친절한 태도	참석하지 않았다
3)		

보기

가 지난 주말에 콘서트에 갔다 왔다면서?

나 응. 요즘 한창 **인기를 끌고** 있는 가수 '아이오'의 콘서트에 갔다 왔는데 분위기가 정말 **열광**적이고 팬들의 **반응도 열렬했어**.

가 그래? 그렇게 분위기가 좋을 줄 알았으면 나도 **갈걸**.

나 다음에 기회가 되면 꼭 같이 가자.

복습

1 알맞은 단어를 골라서 (　　)에 쓰십시오.

대세　　수수하다　　각양각색　　선보이다　　돋보이다

지난 17일부터 동대문디자인플라자(DDP)에서 서울패션위크가 열리고 있는데요. 국내외 유명 디자이너들이 참가해서 ❶ (　　　　　)의 다양한 작품들을 ❷ (　　　　　)고 있습니다. 올해는 특히 신인 디자이너들의 작품이 ❸ (　　　　　)는데요/은데요/ㄴ데요. 그중 손정연 디자이너는 요즘 ❹ (　　　　　)인 화려한 색을 쓰지 않고 단순하고 ❺ (　　　　　)어/아/여 보이지만 개성이 강하게 드러나는 작품들로 시선을 끌고 있습니다.

한류　　열풍　　연습생　　연예 기획사

음악 전문 방송국에서 방송 중인 프로그램이 화제이다. 일반 시청자들이 프로듀서가 되어 여러 ❻ (　　　　　)에서 연습하고 있는 ❼ (　　　　　) 중 자신이 원하는 멤버를 골라 새로운 케이 팝 그룹을 만드는 프로그램이다. 특히 10~20대 사이에서 화제성 1위를 차지할 만큼 ❽ (　　　　　)이/가 대단하며 ❾ (　　　　　)의 영향으로 해외에서도 많은 관심을 보이고 있다.

2 다음 문법을 사용하여 이야기를 완성하십시오.

-자니　　-을걸

하늘 윤아야, 어제 에스 그룹에서 인턴 사원 모집 안내하는 데에 왜 안 왔어?

윤아 난 졸업 후에 다른 일을 할 생각이거든. 그 회사에 취직할 생각도 없는데 ❶ ________ (참석하다) 시간을 버리는 것 같아서 안 갔지.

하늘 취직 정보뿐만 아니라 사회생활에 도움이 되는 여러 가지 정보도 듣고 기념품도 많이 받았는데 와 보지.

윤아 그래? 그럴 줄 알았다면 ❷ ________ (참석하다).

14과

대중문화와 영상 매체

01 한국 영화의 현주소

대화 어휘 개봉, 대박, 돌풍, 동원, 흥행, 하늘의 별 따기

확장 어휘 등급, 불가, 시사회, 시상식, 영화제, 청소년, 공든 탑이 무너지랴, 다 된 죽에 코 빠뜨리다, 독립 영화, 땅 짚고 헤엄치기, 상업 영화, 식은 죽 먹기, 저예산 영화, 천 리 길도 한 걸음부터, 첫 술에 배부르랴

문법 -고도

02 대중 매체의 변화

대화 어휘 댓글, 쌍방향, 일방향, 협력, 불분명하다, 뉴 미디어

확장 어휘 각계각층, 수용자, 청취자, 공정하다, 신속하다, 대중 매체, 듣다시피, 말하다시피, 보다시피, 알다시피, 영상 매체, 음성 매체, 인쇄 매체, 전자 매체

문법 으로 보다

MP3 / 27

1. 한국 영화의 현주소

- 여러분은 영화를 자주 봅니까? 어떤 영화를 좋아합니까?
- 요즘 가장 인기 있는 영화가 무엇입니까? 왜 그 영화가 인기가 있습니까?

윤아 최근 흥행 돌풍을 일으키고 있는 '님과 함께'라는 영화 아세요? 저예산으로 만든 다큐 형식의 독립 영화래요.

유키 안 그래도 그 영화 제작 발표회에 갔었는데 사람들의 반응이 무척 좋았어요. 화려한 볼거리는 없지만 노부부의 모습에서 진정한 사랑의 의미를 찾을 수 있어서 더 감동적이었던 것 같아요. 그 영화가 감독의 첫 작품이라는데 개봉 한 달 만에 300만 명의 관객을 동원했대요.

윤아 그러게요. 영화가 그렇게 대박날 줄 누가 알았겠어요. 예산을 적게 들이고도 흥행에 성공을 하다니 믿기지가 않네요. 특히 독립 영화가 국내외 상업 영화 속에서 흥행에 성공하기란 하늘의 별 따기인데 말이에요.

유키 더욱이 관객의 2/3가 20~30대 젊은층이라는데요. 노부부의 따뜻한 사랑 이야기가 젊은이들에게 큰 울림을 주고 있는 것 같아요.

흥행 돌풍 개봉 동원 대박 하늘의 별 따기

어휘

어휘 1

분류	행사	상영 등급
독립 영화 상업 영화 저예산 영화 블록버스터	제작 발표회 시사회 무대 인사 영화제 시상식	전체 관람가 12세 이상 관람가 15세 이상 관람가 청소년 관람 불가

• TV 프로그램에서 영화를 소개하는 코너입니다. (　　)에 알맞은 표현을 쓰십시오.

이번에 소개해 드릴 영화는(보기 제작 발표회) 때부터 사람들의 관심을 끌었던 영화 '나의 소녀 시절'과 지난달에 개봉해서 인기를 얻고 있는 영화 '로얄 패밀리'입니다. '나의 소녀 시절'은 전 연령이 볼 수 있는 ① (　　　　)으로/로 한 소녀의 성장 이야기를 다루고 있습니다. 또한 무명의 감독이 저예산으로 만든 ② (　　　　) 영화로 관객들에게 좋은 평을 받고 있습니다. 한편, 영화 '로얄 패밀리'는 영화 상영 전에 한 ③ (　　　　)에서 영화 관계자와 비평가들에게서 좋은 평가를 받았습니다. 영화 첫 상영 때에는 감독과 배우들이 깜짝 ④ (　　　　)을/를 하기도 했습니다. 이 영화는 상류 사회에 대한 이야기를 다루고 있으며 ⑤ (　　　　)으로/로 중고등학생들은 볼 수 없습니다.

• 영화에 대해 관심이 있습니까? 보기 와 같이 이야기하십시오.

보기

가 저는 영화를 좋아해서 연말에 하는 영화 **시상식**을 빼놓지 않고 보는데 특히 제가 좋아하는 배우가 수상 소감을 하는 것은 놓치지 않고 꼭 봐요.

나 저는 지난 주말에 부산 국제 **영화제**에 갔다 왔어요. 영화배우와 감독들을 실제로 보니까 정말 멋있던데요. 그리고 제가 좋아하는 감독과 대화하는 시간을 가졌는데 **독립 영화**를 여러 편 찍은 감독이에요. 벌써부터 그분의 새 작품이 기대가 돼요.

어휘2

시작	과정		끝
시작이 반이다 천 리 길도 한 걸음부터 첫 술에 배부르랴	하늘의 별 따기 그림의 떡	식은 죽 먹기 누워서 떡 먹기 땅 짚고 헤엄치기	고생 끝에 낙이 온다 공든 탑이 무너지랴 다 된 죽에 코 빠뜨린다

• 두 사람이 영화에 대해서 이야기합니다. 적절한 속담을 찾아 쓰십시오.

보기 영화 '인생'이 개봉한 지 일주일 만에 관객 900만 명을 동원했대. 천만 관객 동원은 이제 (식은 죽 먹기야)~~이야/야~~.	벌써 천만 관객이라니 정말 대단하다.
1) 주연 배우가 신인이라면서?	응, 신인이 수천 대 일의 경쟁을 뚫고 캐스팅되는 것은 ( )이지/지.
2) 그런 남자 배우랑 결혼하면 얼마나 좋을까?	꿈 깨. 너한테는 ( )이야/야.
3) 이 영화는 5년에 걸쳐 스태프, 배우, 작가, 감독 등이 온갖 고생을 하면서 만들었대.	( )는다고/ㄴ다고/다고 결국 좋은 결과를 얻는구나.
4) 나도 배우가 될 거야. 어제 연기 학원에 등록했어. 나 잘할 수 있겠지?	( )이라고/라고 학원에 등록했으니까 언젠간 배우가 될 수 있을 거야.

• 어떤 일을 처음 시작할 때의 이야기입니다. 위의 속담을 사용하여 보기 와 같이 이야기하십시오.

보기

가 타오가 YS 연예 기획사에 들어가겠다고 밤낮없이 쉬지 않고 춤 연습만 하고 있어. 제일 유명한 케이 팝 스타가 되고 싶대.

나 YS 기획사? 그 기획사 오디션에 합격하는 건 **하늘의 별 따기** 아니야? 경쟁이 정말 치열하다고 들었는데.

가 맞아. 게다가 케이 팝 스타라니…. 그건 정말 **그림의 떡** 아니니?

나 그래도 **시작이 반**이라고, 목표를 세우고 연습을 시작했으니까 언젠간 꿈을 이룰 수 있지 않을까?

-고도

동사에 붙여 앞의 행동이나 사실과 다른 행동을 하거나 예상된 결과가 아닐 때 쓴다.

- 그 사람이 잘못을 하고도 사과하지 않아요.
- 책을 읽고도 무슨 내용인지 모르겠대요.
- 표를 예매해 놓고도 영화를 보러 가지 않았다.
- 그 사실을 알고도 모르는 척했어요.

가 왜 화가 났어요?
나 리에 씨가 자꾸 저하고 약속을 하고도 지키지 않잖아요. 어떻게 그럴 수가 있어요?

가 밍밍 씨가 이번에 대학에 합격하고도 등록하지 않았대요.
나 왜요? 무슨 일이 있대요?

- 친구의 대화입니다. 보기 와 같이 이야기하십시오.

사실	결과
보기 밥을 먹다	안 먹었다고 했다
1) 영화 배우 '박우진'이 나타났다는 얘기를 듣다	정말 그 사람이 왔을 거라고 생각을 못했다
2) 그 배우를 직접 봤는데 눈으로 보다	믿을 수가 없었다
3) 그 배우한테서 사인을 받다	떨려서 고맙다는 말도 못했다
4) 뒤늦게 전화했는데 제니 씨가 전화를 받다	아무 말도 하지 않았다
5) 약속 장소에 정신없이 뛰어갔는데 제니 씨가 나를 보다	모르는 척했다

보기

가 어제 제니 씨하고 무슨 일이 있었어요? 화가 많이 났던데요.
나 그게…. 얘기하자면 좀 복잡해요. 제니 씨가 밥을 사 준다고 해서 밥을 **먹고도** 안 먹었다고 했어요.
가 설마 제니 씨가 그것 때문에 화가 난 거예요?
나 아니, 그게 아니고요. 제가 약속 시간에 많이 늦었어요. 제니 씨를 만나러 가고 있는데 사람들이 모여 있는 걸 봤어요. 영화 배우 '박우진'이 나타났다고 하는 거예요.

연습해 봅시다

• 다음 신문 기사에 대해 보기와 같이 이야기하십시오.

기사	속담	내용
보기 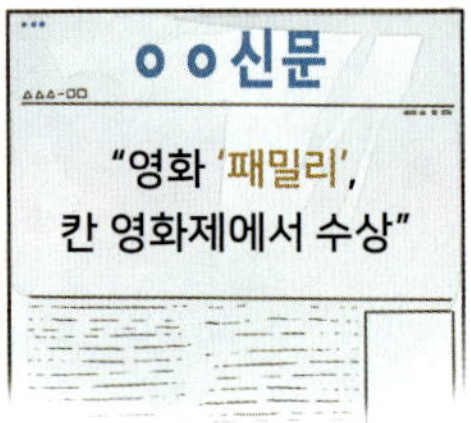 ㅇㅇ신문 "영화 '패밀리', 칸 영화제에서 수상"	국제 영화제에서 수상 하늘의 별 따기	- 수상을 하다 - 비난을 받다
1) 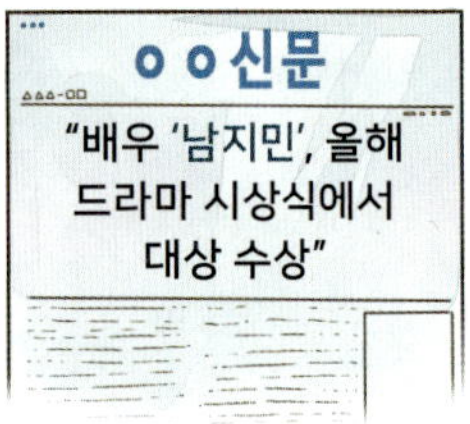 ㅇㅇ신문 "배우 '남지민', 올해 드라마 시상식에서 대상 수상"	고생 끝에 낙이 온다 오랜 무명 생활	- 상을 받다 - 가슴이 벅차서 수상 소감을 말하지 못하다
2) 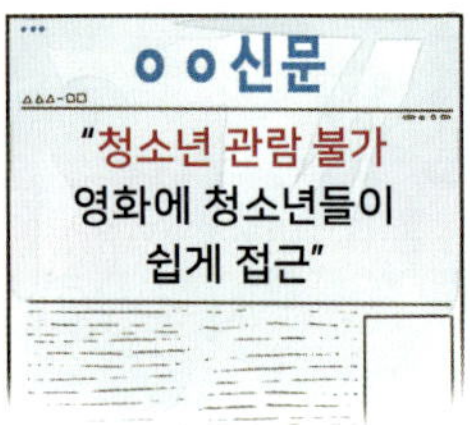 ㅇㅇ신문 "청소년 관람 불가 영화에 청소년들이 쉽게 접근"	주민등록증을 검사하지 않음. 식은 죽 먹기	- 영화관에서 청소년인 것을 알다 - 모르는 척하다
3)		

보기

가 이번에 장기수 감독의 영화 '패밀리'가 칸 **영화제**에서 큰 상을 받았대요.

나 그렇게 큰 국제 영화제에서 상을 받는 건 영화인들에게 **하늘의 별 따기** 아니에요?

가 그렇죠. 그런데 그 감독은 수상을 **하고도** 사람들에게서 비난을 많이 받았대요.

2. 대중 매체의 변화

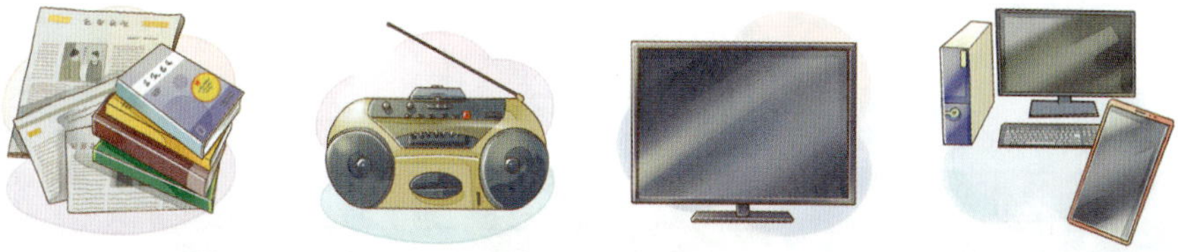

- 여러분은 어떤 정보를 자주 찾습니까?
- 여러분이 주로 사용하는 매체는 무엇입니까?

전문가 오늘은 대중 매체의 흐름과 변화에 대해 말씀드리겠습니다. 먼저 인쇄 매체, 음성 매체, 영상 매체와 같은 기존의 매체들은 일방향으로 의사소통이 이루어졌는데요. 이때 대중은 정보를 수동적으로 받아들였습니다. 반면 기존의 대중 매체와는 달리 인터넷, 이동 통신 등과 같은 뉴 미디어는 쌍방향으로 의사소통이 이루어집니다. TV 생방송 중 실시간 투표를 하거나 1인 방송 중 댓글을 주고받는 등의 방식은 쌍방향 소통을 잘 보여 줍니다. 이러한 뉴 미디어의 등장으로 매체 간의 경계가 불분명해졌습니다.

그뿐만 아니라 여러분들도 아시다시피 1인 방송이 급격히 성장하고 있는데요. 최근에는 1인 방송과 기존의 TV 방송을 결합한 프로그램이 새롭게 등장하고 있습니다. 이러한 대중 매체의 변화의 흐름으로 보아 1인 방송과 TV 방송의 협력이 앞으로 대중 매체의 발전에 큰 영향을 미칠 것으로 보입니다.

일방향　뉴 미디어　쌍방향　댓글　불분명하다　협력

어휘1

대중 매체

분류		특성	수용자
인쇄 매체		객관적이다	각계각층
전자 매체	음성 매체	정확하다	대중
	영상 매체	유익하다	독자
	뉴 미디어	공정하다	시청자
		신속하다	청취자

- 국악에 대한 이야기입니다. (   )에 알맞은 표현을 쓰십시오.

국악은 TV보다 주로 (보기 음성 매체)인 라디오 방송을 통해서 접하게 됩니다. 이에 따라 수년 전부터 국악인뿐만 아니라 연예인, 방송인, 공무원, 학생 등 ① (   )의 사람들이 국악 전문 TV 프로그램이 늘어나기를 바라는 마음으로 에스엔에스(SNS) 활동을 적극적으로 하고 있습니다. 텔레비전 방송과 같은 ② (   )을/를 잘 활용하면 ③(   )들에게 쉽게 다가갈 수 있고 ④ (   )고 도움이 되는 프로그램을 보다 쉽게 제공받을 수 있습니다. 또한 해당 홈페이지에 접속하여 관련 정보를 ⑤ (   )게 전달 받을 수 있습니다.

- 여러분 나라에서는 대중 매체가 어떻게 변화하고 있습니까? 보기 와 같이 이야기하십시오.

보기

가 우리나라에서는 언젠가부터 TV가 점점 작아지더니 이제는 손바닥만한 크기로 줄어들어서 다들 손에 들고 다니면서 봐요.

나 하하! 스마트폰을 말하는 거군요. **영상 매체**가 발달하면서 우리의 일상생활 모습도 달라지고 있어요.

가 예전에 펼쳐서 보던 신문도 이제는 내 손바닥 안에서 보고 있죠.

나 이러다가 신문과 같은 **인쇄 매체**가 사라지는 것이 아닐까요?

어휘2

알다 보다 듣다 말하다	다시피	➡	알다시피 보다시피 듣다시피 말하다시피

• 게임 회사에서 두 사람이 e스포츠에 대해 발표합니다. (   )에 알맞은 단어를 쓰십시오.

가 저는 e스포츠의 세계 시장 규모에 대해 발표하겠습니다. 얼마 전 e스포츠 국가 대표팀이 아시안 게임에서 1등을 했습니다. 여러분들도 (보기 아시다시피) 한국은 e스포츠와 모바일 게임 산업 강국으로 인정받고 있습니다. 화면의 자료는 최근 발표된 것인데 ① (   ) e스포츠 산업은 작년보다 약 15% 성장했습니다.

나 저는 e스포츠에 대한 대중들의 인식에 대해 발표하도록 하겠습니다. 조금 전 발표에서 ② (   ) e스포츠 산업은 성장하고 있습니다. 여기 화면을 보시면 e스포츠를 알고 있다고 응답한 비율이 전체의 50%를 넘고 그 인식도 좋아지고 있습니다. 방금 ③ (   ) e스포츠에 대한 인식이 나쁘지 않은 상황에서 게임을 취미 활동으로 즐기는 사람들이 많아질 것으로 예상됩니다.

• 반 친구들과 이야기합니다. 아래 주제에 대해 보기 와 같이 이야기하십시오.

대학 진학의 필요성   한국어 학습 방법   아이돌 오디션 프로그램

보기

사회자 오늘은 대학 진학의 필요성에 대해서 이야기해 보고자 합니다. 이 그래프에서 **보시다시피** 한국의 대학 진학률은 높은 편입니다. 그런데 정말 대학 진학이 꼭 필요한 것일까요?

가 방금 사회자가 **말씀하셨다시피** 한국의 대학 진학률이 높은 편인데 이것은 학벌을 중요시하는 분위기 때문인 것 같습니다.

으로/로 보다

명사에 붙어서 판단의 근거를 나타낸다.

- 땀을 계속 흘리고 몸을 떠는 것으로 보아 많이 아픈가 봐요.
- 제인 씨는 말하기 실력으로만 보면 우리 반에서 제일 우수해요.
- 수출량이 느는 것으로 볼 때 경기가 회복되고 있는 것이 아닐까요?
- 국제 사회의 분위기로 보아 두 나라 사이의 갈등은 쉽게 해결되기 어려울 것으로 보입니다.

가 통계청에서 발표한 자료 보셨어요?
나 네, 하반기 고용률이 떨어지고 있는 것으로 볼 때 앞으로 취업이 더 어려워질 거예요.

가 얼마 전 병원에서 검사받은 건 어떻게 됐어요? 결과가 나왔어요?
나 네, 검사 결과로 보아 큰 이상은 없는 것 같아요.

- 경기 전 농구 감독과 인터뷰를 합니다. 보기 와 같이 이야기해 보십시오.

팀의 모습	예상
보기 선수들의 실력	양 팀이 큰 차이가 없을 것 같다
1) 선수들의 컨디션	오늘 좋은 경기를 할 수 있을 것 같다
2) 팀의 분위기	우리 팀이 꼭 이길 것 같다
3) 상대팀의 경기를 분석한 결과	이석진과 정지훈 선수만 조심하면 될 것 같다
4) 수많은 취재진들이 모인 것	이번 경기가 상당히 중요한 것 같다
5) 몇 주 전부터 이미 표가 매진된 것	팬들의 관심이 무척 뜨거운 것 같다

보기

가 중요한 경기를 앞두고 있는데 기분이 어떠십니까?
경기 결과를 어떻게 예상하십니까?
나 선수들의 실력**으로 보아** 양 팀이 큰 차이가 없을 것 같습니다.
하지만….

연습해 봅시다

- 아나운서와 전문가의 대화입니다. 보기 와 같이 이야기하십시오.

	상황	예상
보기 전자 매체 1인 방송 증가	시각 자료 - 1인 방송이 3년 사이에 2배 이상 증가	1인 방송의 성장률 / 무궁무진하게 발전
1) 인터넷 동영상 사용자 급증	뉴스 자료 - 인터넷 사용자 중 40% 이상이 신문, TV와 같은 기존 매체를 이용하지 않음.	각 대중 매체별 이용률 변화 / 기존 매체의 수용자가 급격히 감소
2) 시청자 참여형 방송 프로그램 증가	알고 있는 사실 - 시청자가 실시간으로 투표하는 TV 프로그램이 대다수 성공	각 방송사의 TV 시청률 / 쌍방향 소통 방송 프로그램이 더욱 증가
3)		

보기

아나운서 최근 **전자 매체** 중 개인이 직접 방송을 제작하고 진행하는 1인 방송이 늘고 있는데요. 이런 현상에 대해서 어떻게 생각하십니까?

전 문 가 이 자료는 최근 1인 방송의 성장률을 표로 정리한 것인데요. **보시다시피** 3년 사이 2배 이상 증가하였습니다. 이러한 1인 방송의 성장률**로 보아** 앞으로 1인 방송 산업은 무궁무진하게 발전할 것으로 보입니다.

복습

1 알맞은 단어를 골라서 (　　)에 쓰십시오.

흥행　　돌풍　　개봉　　동원　　대박

작년에 많은 사람들의 기대 속에 ① (　　　　　)한 영화 '안개'가 총 관객 수 100만 명 밖에 ② (　　　　　)을/를 하지 못하면서 ③ (　　　　　)에 실패했다. 실패 이유로는 배우의 연기력, 영화의 완성도 등을 들 수 있다. 그러나 이 영화를 뮤지컬로 제작한 '미스트'가 뜻밖에 흥행에 성공하면서 ④ (　　　　　)을/를 일으키고 있다. 공연 전부터 모든 티켓이 예매되는 놀라운 흥행 기록을 보이면서 ⑤ (　　　　　)을/를 터뜨리고 있다.

일방향　　쌍방향　　댓글

최근 대규모 온라인 공개 강의(MOOC)가 새로운 교육 방식으로 떠오르고 있다. ⑥ (　　　　　)으로/로 이루어지던 전통적인 교육 방식과 다르게 온라인 강의는 ⑦ (　　　　　)으로/로 진행된다. 수강자는 온라인에서 강의를 들을 수 있을 뿐만 아니라 질문을 올리면 실시간으로 ⑧ (　　　　　)을/를 받을 수 있다.

2 다음 문법을 사용하여 이야기를 완성하십시오.

-고도　　으로 보다

가　면접 결과는 잘 나왔어? ① ________________ 결과가 잘 나온 것 같은데.
　　　　　　　　　　　　　　(표정이 밝은 것)

나　1, 2차는 합격했는데 최종 면접시험은 보러 가지 않았어.

가　뭐라고? 2차까지 ② ________________ 시험을 보러 가지 않았단 말이야?
　　　　　　　　　　　　　　(합격하다)

나　응, 더 좋은 데에서 합격했다는 연락을 받았거든.

15과

개인과 공동체

01 봉사하는 삶

대화 어휘 기부, 말동무, 별것, 보람, 위안, 자원봉사, 뿌듯하다

확장 어휘 결단력, 기증, 모교, 부지, 장기, 재단, 창의력, 추진력, 효력

문법 -어 주십사 하고

02 하나가 되는 지구촌

대화 어휘 빈곤, 우물, 의료, 특강, 파견, 후원하다

확장 어휘 기구, 민간, 비영리, 생활고, 인도적, 좌절, 지구촌, 차원, 비정부 기구

문법 -다시피 하다

MP3 / 29

1. 봉사하는 삶

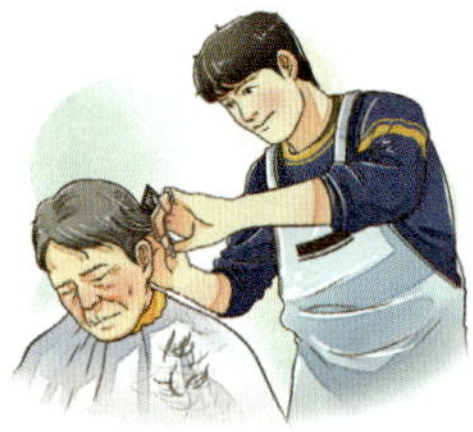

- 사람들의 관심과 도움이 필요한 곳은 어디일까요?
- 어떤 봉사 활동을 하고 싶습니까?

주 앙 형, 다음 주말에 시간 되시면 재능 기부 안 하실래요?

에 릭 재능 기부? 무슨 일인데?

리타오 지난달부터 어학당 친구들이 자원봉사를 하고 있거든요. 양로원에 가서 노인분들께 이발도 해 드리고 사진도 찍어 드리고 같이 식사도 해요. 그런데 형이 사진을 잘 찍으니까 시간이 괜찮으면 함께해 주십사 하고 부탁드리는 거예요.

에 릭 와, 너희들 좋은 일 하는구나. 당연히 나도 같이 해야지. 별것 아니지만 할머니, 할아버지들께 내 사진이 위안이 될 수 있었으면 좋겠다.

주 앙 분명히 좋아하실 거예요. 저는 특별히 할 줄 아는 게 없어서 어르신들과 같이 노래 부르고 이야기하면서 말동무가 되어 드리는 걸 하고 있어요. 시작한 지 얼마 안 됐지만 보람이 느껴지더라고요.

에 릭 이제 한국어 실력도 늘어서 이런 일도 할 수 있다니 뿌듯하다. 다음 주에 가서 사진 잘 찍어 드려야겠다.

기부 자원봉사 별것 위안 말동무 보람 뿌듯하다

어휘

어휘 1

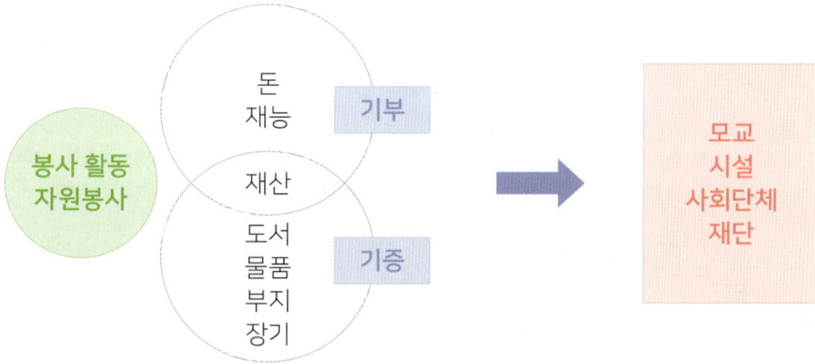

• (　　)에 알맞은 표현을 쓰십시오.

보기 연탄 배달 (봉사 활동을) 을/를 했다.	1) 초등학교에 도서를 (　　　　　)었다/았다/였다.	2) 30년 동안 김밥을 팔아서 모은 (　　　　　)을/를 대학에 기부했다.

3) 홍수 피해를 입은 사람들에게 (　　　　　)을/를 기증했다.	4) 사회단체에 어린이 병원을 세울 (　　　　　)을/를 기증했다.	5) 장학 (　　　　　)에 장학금을 기부했다.

• 여러분은 봉사를 해 본 적이 있습니까? 앞으로 봉사를 하게 된다면 어떤 도움을 줄 수 있습니까? 보기 와 같이 이야기하십시오.

보기

가 저는 작년에 한국 친구를 따라서 김장 나누기 **봉사 활동**을 한 적이 있어요. 김치를 담가서 양로원에 전해 드리는 거였는데 김치 담그는 법도 배우고 어려운 분들도 도와드리는 일이어서 정말 보람이 있었어요.

나 저는 아직 **자원봉사**를 해 본 적은 없지만 **장기 기증**을 신청했어요.

어휘2

실력
효력
결단력
영향력
창의력
추진력

• 이순신 장군에 대한 이야기입니다. (   )에 알맞은 단어를 쓰십시오.

'거북선' 알지?
이순신 장군이 바다에서 싸울 때
이용하려고 새롭게 만든 배야.
세계 최초로 지붕을 철로 만들었대.

1 (   )

전쟁 중에 어려운 순간마다
망설이지 않고 현명하게
판단을 했대.

2 (   )

어려운 상황에서도 자신이 옳다고
판단한 대로 일을 진행시켰대.

3 (   )

글을 잘 써서
<난중일기>를
비롯한 여러
기록물을 남겼어.

보기 실력

지금까지도 한국인들이
가장 존경하는 인물로 꼽히지.

4 (   )

• 여러분의 장점과 단점은 무엇입니까? 보기 와 같이 이야기하십시오.

보기

가 저는 **결단력**이 부족해서 중요한 일을 결정할 때 어려움을 느껴요.

나 그건 신중하다고 생각할 수도 있지 않을까요? 여러 가지 조건을 고려하다 보니 심사숙고하게 되는 거잖아요.

가 그렇기는 하지만 너무 오래 고민하다 보면 **추진력**이 떨어지니까요. 하지만 저는 다른 사람들보다 **창의력**이 발달된 것 같아요.

나 맞아요. 가끔 ○○ 씨의 아이디어를 듣고 깜짝 놀랄 때가 있어요.

-어/아/여 주십사 하고

동사에 붙여 상대방에게 매우 조심스럽고 공손하게 부탁할 때 쓰는 표현이다. 주로 '-어 주십사 하고', '-어 주십사 해서'의 형태로 쓰며 '하다'는 생략할 수 있다.

- 좀 도와주십사 하고 찾아왔습니다.
- 이번 모임에 꼭 참석해 주십사 하고 전화드렸습니다.
- 성실한 학생이 있으면 추천해 주십사 하고 연락드렸습니다.
- 저희 결혼식에 주례를 맡아 주십사 하고 부탁드리러 왔습니다.

가 저희 가게를 많이 이용해 주십사 하고 드리는 겁니다. 자주 방문해 주세요.
나 네, 그럴게요.

가 무슨 일로 전화하셨어요?
나 내일 회의 참석 여부를 알려 주십사 하고 전화드렸습니다. 참석 가능하십니까?

- 유학 생활을 하는 동안 여러 사람들에게 한 부탁의 말입니다. 보기 와 같이 이야기하십시오.

보기

가 외국에서 살다 보니까 다른 사람의 도움이 필요한 경우가 많아요.
나 어떤 부탁을 하는데요?
가 어제는 부동산에 가서 교통이 편리하고 월세가 비싸지 않은 방을 찾아 주십사 하고 부탁을 드렸어요. 그리고 또 ⋯.

연습해 봅시다

- 회사의 홍보팀에서 각 팀에 봉사 활동 프로그램을 안내하고 함께해 줄 것을 요청합니다. 보기 와 같이 이야기하십시오.

요청하는 팀	하는 일		요청 이유
보기 해외 영업팀	목소리 기부 봉사 활동	시각 장애인들을 위한 외국어 오디오북 제작	해외 영업팀에 외국어 실력이 있는 직원이 많음.
1) 총무팀	청소 봉사 활동	우리 회사 근처의 하천 청소	지역 사회에 긍정적인 영향력을 끼칠 수 있음.
2) 생산팀	물품 기증	어려운 사람들에게 우리 회사에서 생산한 겨울옷을 기증	추진력 있게 일이 진행될 것 같음.
3)			

보기

가 안녕하세요, 홍보팀입니다. 해외 영업팀에서 목소리 **기부 봉사 활동**을 **해 주십사 하고** 연락드렸습니다.

나 목소리 **기부**가 뭡니까? 뭘 하면 되는 건가요?

가 시각 장애인들을 위한 외국어 오디오북을 만드는 **봉사 활동**입니다. 해외 영업팀에는 외국어 **실력**이 있는 직원들이 많아서 부탁드리는 겁니다.

나 아, 그런 일이군요. 알겠습니다. 팀원들에게 안내하도록 하겠습니다.

2. 하나가 되는 지구촌

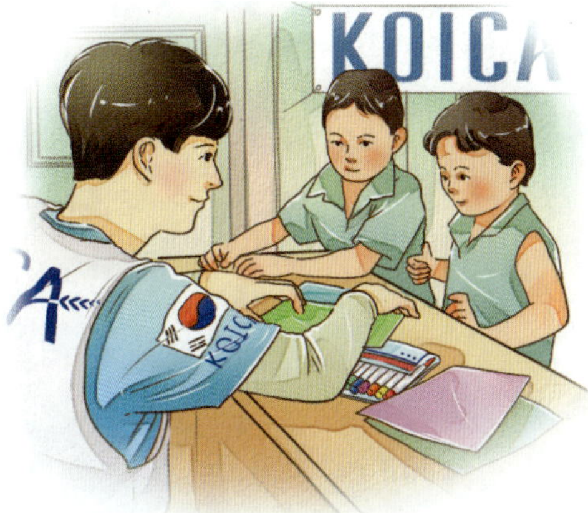

- 국제 봉사 활동을 한 적이 있습니까?
- 알고 있는 국제 봉사 단체에는 무엇이 있습니까?

윤아 언니, 저 내년쯤 해외 봉사를 다녀오려고요. 국제기구에서 해외로 파견돼서 봉사를 하고 돌아온 사람의 특강을 들었는데 느낀 점이 많았어요.

노라 나도 대학생 때 해외 봉사를 다녀온 적이 있어. 우물도 파고, 학교 건물을 세우는 것도 돕고, 아이들과 놀아 주기도 하고. 의료 봉사를 하러 온 사람들도 많더라.

윤아 언니도 다녀온 경험이 있군요. 하루 종일 굶다시피 하는 아이들도 많다고 들었어요.

노라 응, 그런 아이들한테는 식량과 생필품을 지급하는 것이 무엇보다도 급한 일이야. 물론 이런 방법이 근본적으로 빈곤에서 벗어나게 하지는 못하겠지만 그래도 고통을 겪는 사람들에게 도움이 된다면 할 수 있는 일부터 해야지. 그래서 나는 해외 봉사에서 돌아온 후부터 내가 갔던 곳의 아이 한 명을 후원하고 있어. 그런데 어디로 어떻게 갈지는 결정했어?

윤아 아직 구체적으로 알아보지는 못했어요. 특강에서 소개받은 해외 봉사 단체들의 홈페이지에 들어가서 알아보는 중이에요.

파견　　특강　　우물　　의료　　빈곤　　후원하다

어휘

어휘 1

인도적 차원

지구촌 도움을 필요로 하다	국제기구 민간단체 정부 기구 비정부 기구(NGO) 비영리 단체 유니세프(unicef) 적십자사 국경 없는 의사회 한국국제협력단(KOICA)	지원하다 지급하다 제공하다 후원하다

• 관계 있는 것을 연결하고 (　　)에 알맞은 표현을 쓰십시오.

국경 없는 의사회 ●	● 국제기구 ●	● (보기 지구촌)의 어린이들이 건강하고 행복하게 살 수 있도록 ① (　　　　)하는 단체이다.
유니세프 ●	● 정부 기구 ●	● ② (　　　　)을/를 필요로 하는 다른 나라에 가서 여러 가지 협력 사업을 통해 ③ (　　　　)하는 한국의 단체이다.
코이카 ●	● 비정부 기구 ●	● 세계 각국의 의사들이 ④ (　　　　) 차원에서 의료 서비스를 ⑤ (　　　　) 하는 단체이다.

• 해외 봉사를 할 기회가 생긴다면 어떤 일을 해 보고 싶습니까? 보기 와 같이 이야기하십시오.

보기

가 저는 앞으로 **비정부 기구**에 취직하고 싶어요.

나 정말요? 어떻게 그런 생각을 하게 됐어요?

가 TV 다큐멘터리를 보니까 **도움을 필요로 하는** 사람들이 많더라고요. 지금은 어려운 지역의 사람들에게 의약품을 **지급하는 후원**금을 내고 있어요.

나 저도 같이 하고 싶은데 소개해 주세요.

어휘2

겪다

- 고통
- 갈등
- 전쟁
- 좌절
- 생활고

• (　　　)에 알맞은 단어를 쓰십시오.

우리 할아버지 세대는 (보기 전쟁을)~~을/를~~ 겪은 세대이다. 전쟁 중에 가족과 헤어지거나 가족을 잃는 ① (　　　　　　)을/를 겪었고 그 후 경제 발전을 위해 자신을 희생한 세대이다. 그래서 자신들의 젊은 시절에 비해 요즘 젊은이들은 좋은 환경에서 걱정 없이 살고 있고 고생을 모른다고 생각하기도 한다. 하지만 요즘 세대는 계속되는 취업 실패와 불안정한 미래 때문에 ② (　　　　　　)을/를 겪기도 하고, 많지 않은 임금으로 살면서 ③ (　　　　　　)을/를 겪기도 한다. 이렇게 윗세대와 요즘 세대는 서로의 어려움과 상황을 잘 이해하지 못해서 ④ (　　　　　　)을/를 겪고 있다.

• 여러분은 어려움을 겪은 적이 있습니까? 보기 와 같이 이야기하십시오.

보기

가 주앙 씨는 지금까지 살면서 가장 힘들었던 때가 언제예요?
나 사춘기 시절이 정말 힘들었어요. 부모님과 **갈등을 겪으면서** 빨리 집에서 독립하고 싶었어요. 에릭 씨는요?
가 처음 취업했을 때요. 회사 생활에 익숙하지 않아서 실수를 많이 했어요. 그땐 정말 힘들었어요.
나 그래도 사람은 누구나 어려움을 **겪으면서** 성장하는 거죠.

-다시피 하다

동사에 붙어서 실제로 꼭 그렇게 하는 것은 아니지만 그것에 가깝게 함을 나타낸다.

- 두 사람은 거의 매일 통화하다시피 한다.
- 그 영화를 5번도 넘게 봐서 대사를 다 외우다시피 해요.
- 처음 한국에 왔을 때는 향수병 때문에 매일 울다시피 했다.
- 지난번에 쓴 글이 고칠 데가 많아서 거의 새로 쓰다시피 했다.

가 부모님이 맞벌이를 하셨어요?
나 네, 그래서 할머니가 저를 키우다시피 하셨어요.

가 요즘 너무 덥지 않아요?
나 네, 에어컨 앞에서 살다시피 해요.

• **대학생 진영 씨는 요즘 어떻게 살고 있습니까? 보기와 같이 이야기하십시오.**

보기 PC방에서 산다.

1) 게임에 빠져서 밥도 굶는다.

2) 거의 주말마다 클럽에 간다.

3) 술을 마시면 집에 제대로 걸어가지 못하고 기어간다.

4) 술을 마신 다음 날에는 하루 종일 누워 있다.

5) 평소에 열심히 공부하지 않은 진영 씨는 시험 기간이 되니까 날마다 밤을 새운다.

보기

가 진영 씨가 요즘 안 보이는데 무슨 일 있어요?
나 말도 마세요. 진영 씨는 요즘 PC방에서 **살다시피 해요.**
가 어머나, 그래요? 몰랐어요.
나 네, 그리고 ….

연습해 봅시다

• 고통을 겪고 있는 사람들에 대한 뉴스를 들었습니다. 어떻게 도울 수 있을까요? 보기 와 같이 이야기하십시오.

보기 	집이 다 쓰러지다	민간 봉사 단체	집을 고쳐 주고 생필품을 지급함.
1) 	간단한 약도 없어서 거의 죽어 가다	국경 없는 의사회	의료 서비스를 제공함.
2) 	날마다 굶다	유니세프	제대로 된 식사를 할 수 있도록 후원하는 프로그램이 있음.
3)			

가 어제 뉴스에서 지진이 나서 살 곳을 잃은 사람들이 **좌절을 겪고** 있는 모습을 봤어요.
나 저도 봤어요. 다 **쓰러지다시피 한** 집 앞에서 사람들이 슬퍼하고 있는 것을 보니까 마음이 아팠어요.
가 그래서 여러 봉사 단체에서 집을 고쳐 주고 생필품을 **지급하기** 시작했대요.
나 그곳 사람들에게 힘이 되면 좋겠어요.

복습

1 알맞은 단어를 골라서 (   )에 쓰십시오.

말동무　보람　별것　빈곤　뿌듯하다　위안　특강　파견

해외 ① (   )을/를 온 지 벌써 1년이 지났다. 열심히 일을 하고 좋은 결과를 얻으면 ② (   )지만 바쁘고 피곤하게 살다 보니까 가끔은 마음의 ③ (   )을/를 느낄 때도 있다. 그럴 때 나는 책을 읽거나 관심 있는 주제에 대한 ④ (   )이/가 있으면 찾아가서 듣기도 한다. 새로운 지식을 얻으면서 ⑤ (   )을/를 느낀다. 또 이곳에서 키우기 시작한 강아지가 나의 ⑥ (   )이/가 되어 주기도 한다. 다른 사람들이 보면 ⑦ (   ) 아니지만 내게는 큰 ⑧ (   )이/가 되는 것들이다.

2 다음 문법을 사용하여 이야기를 완성하십시오.

-어 주십사 하고　-다시피 하다

가　교수님께 상담을 받고 싶어서 이메일로 ① ________________ 부탁드렸는데 연락이 없으시더라.
(시간을 내다)
이메일은 확인하셨는데 아무 답이 없으셔. 어떡하지?

나　그 교수님 요즘 프로젝트 때문에 연구실에서 ② ________________ 던데. 너무 바빠서 잊어버리셨을지도 몰라. 다음 주에는 끝난다니까 다시 한 번 연락드려 봐.
(살다)

16과

사회 공동체

01 이기주의의 극복

대화 어휘 납골당, 상권, 역부족, 이만저만, 인접, 유치하다, 형성하다, 유동 인구

확장 어휘 혐오, 협동, 협의, 건의하다, 논쟁하다, 소통하다, 시위하다, 우려하다, 중재하다, 협상하다, 협조하다

문법 -나 싶다

02 함께하는 다문화 사회

대화 어휘 다문화, 부러움, 여보, 폐쇄적, 더불다, 사다, 으쓱하다, 냉담하다

확장 어휘 귀화, 다국적, 다민족, 다용도, 이주, 이중

문법 -으면 몰라도

MP3 / 31

1. 이기주의의 극복

- 여러분이 살고 있는 동네에 개선되었으면 하는 점이 있습니까?
- 문제점을 개선하기 위해서 어떤 방법이 있을까요?

'가' 지역 대표 새로운 지하철 노선은 저희 지역을 지나가야 합니다. 저희 지역에는 대중교통 시설이 없어서 주민들의 불편함이 이만저만이 아닙니다.

'나' 지역 대표 지난번 납골당 건설에 반대하면서 그 지역에는 깨끗한 숲을 지키기 위해서 어떠한 공사도 있어서는 안 된다고 하지 않으셨습니까?

'가' 지역 대표 이미 많은 버스 노선이 지나가는 지역에서 지하철 노선 유치에 열을 올리는 것이야말로 다시 생각해 봐야 하는 것 아닌가 싶습니다.

'나' 지역 대표 우리 지역은 인접 지역과 함께 하나의 상권을 형성하고 있어 유동 인구가 많기 때문에 버스 노선만으로는 역부족입니다.

'가' 지역 대표 음, 그렇다면 우리가 협력하여 두 지역 모두를 지나가는 노선을 만들어 줄 것을 요구해 볼까요?

이만저만 납골당 유치하다 인접 상권 형성하다 유동 인구 역부족

어휘1

지역 시설	갈등 상황	극복 과정
· 혐오 시설 · 위험 시설 → 우려하다 · 편의 시설	· 논쟁하다 · 다투다 · 시위하다 · 유치하다	· 중재하다 · 건의하다 · 소통하다 · 협상하다 · 협조하다

• 주민과 구청장의 대화입니다. (　　)에 알맞은 표현을 쓰십시오.

주 민1 우리 지역에(보기 혐오 시설이나)~~이나/나~~ 위험 시설이 들어오는 것에 찬성할 수 없습니다. 이런 일로 우리가 왜 구청장님과 다투고 ❶ (　　　　　)어야/아야/여야 합니까?

구청장 이렇게 반대만 하지 마시고 제 이야기를 들어 보세요. 담당 기관에서 좋은 조건을 이야기하며 ❷ (　　　　　)을/를 제안했습니다.

주 민2 무슨 이야기를 했지요?

구청장 공원과 지하철역 등과 같은 ❸ (　　　　　)을/를 우리 지역에 ❹ (　　　　　)을/ㄹ 수 있게 도와준다고 합니다. 또 일부 주민들은 고집을 부리다가 오히려 손해를 보게 될 수도 있지 않을까 ❺ (　　　　　)고 있습니다. 정부 정책에 ❻ (　　　　　)는 게 어떨까요?

• 여러분 주변에서 갈등을 극복한 사례가 있습니까? 보기 와 같이 이야기하십시오.

보기

가 회사에서 일할 때 저희 팀장님과 다른 팀의 팀장님이 일 때문에 **다툰** 적이 있어요.
나 그래서 어떻게 되었어요?
가 부장님이 나서서 **중재**를 한 덕분에 두 분이 화해를 하고 일을 잘 끝냈어요.

어휘2

협동
협력
협의
협상
협조

• (　　)에 알맞은 단어를 쓰십시오.

우리 아파트 단지에서는 주민들이 모두 (보기 협력)하여 더운 날 경비 아저씨들에게 에어컨을 선물했어요. 주민들이 여러 차례 모여서 ① (　　　　)한 끝에 어떤 에어컨을 선물할 것인지, 비용은 어떻게 할 것인지를 정했어요. 사실 아파트 경비 아저씨들이 꽤 많기 때문에 비용이 만만치 않았답니다. 그래서 에어컨 회사와 ② (　　　　)하여 조금 싼 가격으로 구입할 수 있었어요. 그리고 주민 대표는 ③ (　　　　)해 주신 모든 분들께 감사드린다며 꽃 한 송이씩을 선물했고요. 이 일은 뉴스에서도 소개되었는데 주민들의 놀라운 ④ (　　　　)의 힘으로 아름다운 일을 해냈다며 칭찬을 아끼지 않았답니다.

• 여러 명이 함께 무언가를 해 본 적이 있습니까? 보기 와 같이 이야기하십시오.

보기

가 초등학교 때 축구 시합을 했었는데 우리 반에는 축구를 잘하는 친구가 없었음에도 불구하고 우리 반이 1등을 했어요.
나 정말요? 어떻게 그럴 수가 있었어요?
가 잘하는 친구가 많았던 반은 서로 공을 가지려고 해서 **협력**이 안 됐거든요.
나 역시 단체 경기는 개인의 실력보다는 **협동**이 중요하군요.

-나/은가/ㄴ가 싶다

동사나 형용사에 붙어서 말하는 사람의 주관적인 판단이 개입된 생각, 마음, 기대, 추측 등을 나타낸다. '이/가 아닌가 싶다'나 '-지 않나 싶다'와 같이 부정형과 결합하여 쓸 수 있다

- 오늘은 이기나 싶었는데 또 졌어요.
- 이 정도면 넉넉하지 않은가 싶은데 더 필요해?
- 옷차림을 보니까 승무원이 아닌가 싶어요.
- 혹시 집으로 갔나 싶어서 전화를 해 보니까 역시 집에 있었어요.

가 룸메이트가 한국 생활에 잘 적응하고 있어요?
나 한동안 잘 견디나 싶더니 어제는 고향에 가고 싶다고 하더라고요.

가 오늘 지수가 기분이 안 좋아 보이는데 왜 저래?
나 나도 몰라. 혹시 내가 뭘 잘못한 건 아닌가 싶어서 말도 못 붙이겠어.

- 친구가 아팠습니다. 보기 와 같이 이야기하십시오.

생각의 근거	생각	행동
보기 친구가 학교에 안 왔다.	어디가 아프다	연락을 해 봤다.
1) 친구가 전화를 안 받는다.	무슨 일이 있다	집에 찾아가 봤다.
2) 친구가 열이 많이 났다.	이러다가 큰일이 나다	병원에 데리고 갔다.
3) 병원에서 한국말로 이야기했다.	잘못 알아듣다	계속 다시 질문했다.
4) 친구가 제대로 된 밥을 못 먹는다.	집밥이 최고이다	밥을 해 줬다.
5) 친구가 혼자 너무 아팠다.	그동안 친구에게 너무 무관심하다	앞으로 친구에게 더 신경을 써야겠다.

보기

가 얼마 전에 제 친구 때문에 정말 놀랐던 일이 있었어요.
나 무슨 일이 있었는데요?
가 하루는 친구가 학교에 안 와서 어디가 **아픈 게 아닌가 싶어서** 연락을 해 봤어요.

연습해 봅시다

• 요즘 어떤 문제가 있습니까? 보기 와 같이 이야기하십시오.

문제	문제의 이유	조언
보기 팀원들 때문에 고민	- 자기 생각이 강함. - 논쟁	- 협의의 중요성 교육
1) 요즘 아르바이트가 힘듦	- 매장에서도 일회용 컵을 사용하려는 손님 - 상대하기 역부족	- 협조 요청 안내문 게시 건의
2) 노동자들 시위 중	- 노사간 소통 안 됨. - 갈등	- 협상 필요
3)		

보기

가 요즘 회사 팀원들 때문에 고민이 이만저만이 아니에요.
나 무슨 문제가 있는데요?
가 자기 생각이 너무 강해서 회의를 할 때마다 늘 **논쟁**만 하다가 끝나요.
나 저런, 일할 때는 서로 **협의**를 해야 한다는 것을 가르쳐야 **하는 게 아닌가 싶네요**.

2. 함께하는 다문화 사회

- 여러 나라에서 온 친구들과 함께 지내면서 달라진 점이 있습니까?
- 언어와 문화는 달라도 모두가 공통적으로 가지고 있는 모습은 무엇입니까?

부인 여보, 오늘 우리 마리오가 학교에 갔다 으쓱해져서 집에 왔어. 여러 나라 말을 할 줄 안다는 것 때문에 친구들의 부러움을 샀다는 거야.

남편 우리 아들 잘 적응해 가고 있구나. 내가 어렸을 때는 한국 사회가 좀 폐쇄적이어서 다문화 가정 아이들에게 냉담했었는데 이제는 인식이 달라진 것 같아.

부인 그렇지만 처음 한국에 왔을 때는 친구들이 같이 놀아 주지 않는다면서 힘들어하기는 했었어. 이제는 친구들이 많아졌지만 말이야.

남편 그래도 사회가 계속 변하고 있고 예전처럼 폐쇄적인 사회면 몰라도 지금처럼 국제결혼이 많아진 상황에서는 앞으로 더 많은 문화권의 사람들이 더불어 사는 한국 사회를 기대해 볼 수 있지 않을까 싶어.

부인 하긴 나도 처음 한국에 왔을 때보다는 한국 사회가 다양성을 수용하려고 노력하는 걸 느끼기는 해.

여보 으쓱하다 부러움 사다 폐쇄적 다문화 냉담하다 더불다

어휘 1

다문화 사회		
배경		**노력**
이주 귀화 국제결혼 유학 이민 취업	다문화 가정 이중 언어	인식 개선 노력 다양성 인정 갈등 극복 적응 수용

• (   )에 알맞은 표현을 쓰십시오.

• 한국 생활에 익숙해졌습니까? 보기 와 같이 이야기하십시오.

보기

가 저는 한국에 온 지 1년이 넘었는데 문화 차이 때문에 갈등이 생긴 적이 없어요. 한국에 오기 전에는 걱정을 많이 했었는데 말이에요.

나 왜 걱정을 했어요?

가 우리나라는 다양한 나라 사람들이 문화의 **다양성**을 서로 **인정**하는 분위기인데 한국은 그렇지 않다고 들었었거든요. 그런데 직접 한국에 와서 보니까 다른 문화를 바라보는 **인식**도 긍정적이고 서로의 다름을 **수용**하는 분위기인 것 같아요.

어휘2

다민족
다국적
다문화
다용도
다목적
다방면

• 사회 복지 단체의 홈페이지입니다. (   )에 알맞은 단어를 쓰십시오.

소식 알림

알립니다:)

번호	글쓴이	제목	날짜
1	관리자	1월 4일. '한국 사회와 (보기 다민족) 국가'라는 주제로 전문가 초청 강연 개최	12/23
2	관리자	12월 마지막 주 3일간 센터 방문 시 선물로 ① ( ) 세제 증정	12/21
3	관리자	② ( )에 능통한 인턴사원 모집	12/1
4	관리자	12월 10일부터 ③ ( ) 공간 대여 시작	12/1
5	관리자	세계적인 ④ ( ) 기업 OO그룹으로부터 ⑤ ( ) 가정을 위한 기부금을 전달 받아	11/24

• 세계화가 진행되면서 무엇이 달라진 것 같습니까? 보기 와 같이 이야기하십시오.

보기

가 제가 어렸을 때만 해도 **다국적** 기업이 흔하지 않았어요. 그런데 요즘은 대부분의 기업들이 다 해외에도 지사를 두고 있더라고요.

나 맞아요. 그리고 요즘은 담당 업무 지식뿐만 아니라 **다방면**으로 뛰어난 인재를 원하는 세상이 되어서 저는 일단 한국어를 열심히 공부하고 있어요.

-으면/면 몰라도

동사나 형용사에 붙여 말하는 사람이 뒤 문장에 자신의 의지나 주장, 판단을 강하게 표현하기 위해 앞 문장에 현재의 상태와 반대되거나 일어나지 않는 상황을 가정하여 조건으로 제시할 때 쓴다.

- 월급을 두 배 더 주면 몰라도 이직하지는 않을 거야.
- 대학생이면 몰라도 아직 고등학교도 졸업 안 한 네가 혼자 여행 가는 걸 허락할 수는 없어.
- 외모가 뛰어나게 예쁘면 몰라도 그 연기 실력으로는 주연을 맡기는 어려울 것 같아요.
- 회의에 참석하지 않았으면 몰라도 그 자리에 있었는데 어떻게 회의 내용을 모를 수가 있지?

가 선생님, 내일 문화 체험을 꼭 가야 돼요?
나 특별한 이유가 있으면 몰라도 문화 체험도 수업이니까 참석을 하도록 하세요.

가 이번 말하기 대회에서 누가 1등 상을 받게 될까?
나 존이 대회에 안 나오면 몰라도 다른 사람이 받기는 어려울 걸?

- 회사에서 우진 씨와 에릭 씨가 대화합니다. 알맞게 연결하고 보기 와 같이 이야기하십시오.

	<에릭>	<우진>
보기	세계 여행을 하고 싶다.	재취업이 쉽다
1)	회사를 그만둘까?	복권에 당첨되다
2)	부자가 되고 싶다.	회사를 그만두다
3)	기분 전환도 할 겸 배낭여행 좀 가고 싶다.	20대이다
4)	운동으로 체력을 키우면 된다.	야근과 회식이 없다
5)	오늘 회식이 취소되면 좋겠다.	팀장님 마음이 바뀌다

에릭 나 세계 여행을 하고 싶어.
우진 세계 여행? 네가 회사를 **그만두면 몰라도** 그건 어렵지.
에릭 그러면 회사를 그만둘까?
우진 ….

연습해 봅시다

• 소개하고 싶은 것이 있습니까? 보기 와 같이 이야기하십시오.

소개하고 싶은 것	특징	부정적인 면
보기 유명한 요리사 한국으로 귀화	다국적 요리	메뉴가 너무 많음.
1) 이주 외국인 여행 프로그램	다방면의 매력	다른 프로그램과 차별점이 없음.
2) 지하에 새로 생긴 교실	다목적 교실(탈춤, 태권도)	공간이 작음.
3)		

보기

가 학교 앞에 새로 생긴 음식점에 가 봤어요? 고향에서 유명한 요리사였는데 한국으로 **귀화**한 분이 만들었대요. 저는 어제 갔었는데 **다국적** 요리를 맛볼 수 있어서 좋은 것 같아요. 앞으로 잘될 것 같지 않아요?

나 메뉴를 **줄이면 몰라도** 메뉴가 너무 많아서 성공하기는 어렵지 않겠어요?

가 그래도 음식이 모두 맛있던데요.

복습

1 알맞은 단어를 골라서 (　　)에 쓰십시오.

협력　납골당　이만저만　폐쇄적　유동 인구　상권

몇 년 전 우리 동네에 ① (납골당이) ~~이/가~~ 들어왔을 때 집값이 떨어질 거라며 우려가 ② (　　　　) 이/가 아니었습니다. 그러나 지역 주민들과 납골당 관계자들이 ③ (　　　　)하여 혐오 시설로만 인식되던 납골당을 돌아가신 분의 마지막 길을 축복하며 보내드리는 아름다운 장소로 만드는 데 성공했습니다. 우선, 납골당의 ④ (　　　　)인 느낌을 주는 담을 없앴습니다. 그 주변에는 꽃을 심고 아름다운 공원을 만들었습니다. 그 후로 우리 동네는 ⑤ (　　　　)이/가 늘었고 ⑥ (　　　　) 이/가 더욱 좋아졌습니다.

냉담하다　인식　더불어 살다　형성하다　역부족　으쓱하다

OOO 시장 후보는 늘 이 세상은 혼자 사는 세상이 아니고 ⑦ (　　　　)는 세상이라고 말했기 때문에 그 후보에 대한 ⑧ (　　　　)이/가 매우 좋았습니다. 그래서 모두 OOO 후보가 시장이 될 거라고 생각했고 OOO 후보 역시 이러한 사실에 ⑨ (　　　　)었습니다/았습니다/였습니다. 그런데 얼마 전 OOO 후보가 사무실 직원들에게 욕을 하고 있는 동영상이 인터넷에 올라오면서 비난이 일파만파 퍼지고 있습니다. 이 사실을 알게 된 OOO 후보는 그 직원이 큰 실수를 했다는 것을 개인 에스엔에스(SNS)에 올리면서 자신에게 유리한 분위기를 ⑩ (　　　　)으려고/려고 했지만 오히려 반응은 ⑪ (　　　　)었습니다/았습니다/였습니다. 뒤늦게 사과를 했지만 사람들의 마음을 다시 돌리기에는 ⑫ (　　　　)이었습니다/였습니다.

2 다음 문법을 사용하여 이야기를 완성하십시오.

-나 싶다　-으면 몰라도

가　어제 약속 시간에 1시간이나 늦었더니 친구가 화를 많이 내고는 집으로 가 버렸어. 아무래도 오늘 ① ______________________.
(커피라도 한 잔 사 줘야 하다)

나　② ______________________ 커피 한 잔 가지고는 안 될 것 같은데? 그러지 말고 친구가
(맛있는 저녁 식사)
좋아하는 음식점에 같이 가자고 해 봐.

17과

자연과 인간

01 자연의 아름다움

대화 어휘 갈대밭, 갯벌, 생명력, 생물, 습지, 일몰, 경이롭다, 이색적이다

확장 어휘 산맥, 감탄하다, 이름나다, 형용하다, 기이하다, 웅장하다, 이례적이다, 이질적이다

문법 -는 한

02 환경 파괴와 환경 보호

대화 어휘 수거, 시민, 악영향, 의식, 조형물, 폐기물, 해양, 보존하다

확장 어휘 규제, 대기, 대체, 매연, 배기가스, 수질, 염려, 오존층, 온난화, 토양, 폐, 폐수

문법 -어서는

1. 자연의 아름다움

MP3 / 33

- 자연이 아름다운 곳을 여행한 적이 있습니까? 어떤 점이 인상적이었습니까?
- 한국과 여러분 나라의 자연은 어떻게 다릅니까?

가이드 오늘 오전에는 국가 정원에 들러서 세계 여러 나라의 이색적인 정원을 구경하셨고요. 점심 식사 후에는 갈대밭을 걸으면서 가장 가까이에서 순천만의 자연을 느껴 보셨습니다. 어떠세요? 갈대밭 사이사이의 다양한 생물들의 모습이 정말 경이롭지요? 순천만은 아름다운 풍경만큼이나 생명력이 넘치는 갯벌로 유명합니다.
이제 순천만 습지 여행의 하이라이트라고 불리는 전망대에 오르시겠습니다. 수많은 사진 작가들의 작품 속에서 아름다운 순천만의 일몰 사진을 보셨을 텐데요, 전망대에서 바라보는 해가 질 무렵의 풍경은 정말 아름답지요.
아까 어떤 분께서 일몰 시간을 놓칠까 봐 걱정하셨는데요. 저를 믿고 따라오시는 한 그런 일은 절대 없을 테니까 걱정하지 마시고요. 자, 그럼 이제 그림 같은 풍경 속으로 들어가 보겠습니다.

이색적이다 갈대밭 생물 경이롭다 생명력 갯벌 습지 일몰

어휘 1

자연		느낌
경이로운 풍경 그림 같은 경치 말로 형용할 수 없는 아름다움 생명력이 넘치는 자연 이색적인 분위기 웅장한 산맥 기이한 모양의 바위 이름난 관광지	→	감탄하다 감동을 받다 가슴이 벅차다 푹 빠지다

• 여행 상품 설명입니다. (　　)에 알맞은 단어를 쓰십시오.

눈 덮인 태백을 걷다!
대관령 트레킹

상품 설명

크고 (보기 웅장한)~~는/은/ㄴ~~ 태백산맥! 그 중심의 대관령! 태백의 가슴 속에서 바라보는 말로 ① (　　　　　)을/ㄹ수 없이 아름다운 눈 덮인 태백의 풍경!!! 평생 잊지 못할 ② (　　　　　) 을/를 받으실 겁니다.

동화 속 나라~ 평창 허브 나라~

상품 설명

누구나 한 번쯤 들어 본 ③ (　　　) 는/은/ㄴ 관광지 허브 나라! 깊은 계곡 속에 위치해 넘치는 ④ (　　　　)을/를 느낄 수 있는 곳! 다른 곳에서는 볼 수 없는 ⑤ (　　　　)는/은/ㄴ 분위기의 정원들! 동화 같은 허브 나라의 아름다움에 푹 ⑥ (　　　　)어/아/여 보세요!

• 여러분 나라의 자연이 아름다운 곳에 대해 보기 와 같이 이야기하십시오.

보기

가 제 고향인 중국 후난성에는 '장자제'라는 곳이 있어요. 장자제는 산세가 **웅장하고** 모양이 **기이한** 바위가 많아요. **이색적이고** **경이로운** 풍경 덕분에 여러 영화를 촬영한 곳으로도 유명해요.

나 캐나다 서부에서는 '밴프'가 **이름난 관광지**예요. 로키 산맥 안에 위치하는데 자연환경과 생태계가 잘 보존돼서 **생명력이 넘치는 자연**을 느낄 수 있어요. 길에서 곰도 흔히 볼 수 있어요.

어휘2

이색적이다
이국적이다
이질적이다
이례적이다

- 검색 사이트 화면입니다. (　　)에 알맞은 단어를 쓰십시오.

U+ 4:48　　　　88%

데이트 추천

통합　블로그　지식iN　이미지　실시간　• • •

(보기 이색적)인 **데이트** 장소 **추천**! 홍대 '포차포차' 최고!

오늘 제가 완전 대박인 홍대 이색 데이트 코스를 소개할까 합니다.
어제 소개팅에서 만난 남자랑 뭘 하면 좋을까 고민하다가…

아가씨 역할을 남자가??? ①(　　　　)인 캐스팅으로 화제가 된 뮤지컬 '아가씨와 신사들'

대학로 소극장에서 공연 중인 뮤지컬 중 관객 반응 최고의 뮤지컬…
관람은 연말 **데이트** 코스 중 하나로 가장 많이 **추천**받고 있는…

[카페/신촌] ②(　　　　)인 분위기의 카페~ 고고 인디아~

우연히 들른 묘한 인도 분위기의 카페 고고 인디아… 여자 친구 학교…
여자 친구도 매우 만족하며 친구들에게 **데이트** 코스로 **추천**하겠다고…

한옥에서 마시는 와인 한 잔! ③(　　　　)이지만 조화로운 분위기

분위기와 음식이 다소 잘 어울리지 않는다고 느낄 수 있을지도 모르지만…
최고의 **데이트**였고 소개팅이나 **데이트** 장소로 강력하게 **추천**하고 싶…

- 한국에 와서 특별한 경험을 한 적이 있습니까? 보기 와 같이 이야기하십시오.

보기

가 한국에 와서 특별한 경험을 한 적이 있어요?
나 네, 찜질방에 가 본 적이 있어요. 찜질뿐만 아니라 식사, 운동, 게임, 수면 등 여러 가지를 할 수 있는 게 **이색적이면서도** 재미있었어요.
가 찜질방에 갔다고요? 불편하지는 않았어요?
나 외국인이어서 사람들이 **이질적으로** 느낄까 봐 가기 전에 좀 불안했는데 생각보다 괜찮던데요.

-는 한

동사나 '있다, 없다'에 붙어서 앞 문장이 뒤의 행위나 상태에 대한 전제나 조건이 됨을 나타낸다.

- 실패를 두려워하는 한 성공은 불가능하다.
- 내가 살아 있는 한 이 결혼은 절대 허락할 수 없다.
- 제도를 개선하지 않는 한 이 문제는 계속 발생할 겁니다.
- 특별한 일이 발생하지 않는 한 예정대로 프로젝트가 끝날 것 같습니다.

가 학교까지 꽤 먼 거리인데 왜 차를 타지 않고 걸어서 다니세요?
나 교통비를 아끼려고 될 수 있는 한 차를 타지 않고 걸어 다녀요.

가 언제쯤 물가가 안정이 될 것으로 보십니까?
나 기름값이 오르는 한 물가도 계속 오를 전망입니다.

- 화장품 회사 마케팅부에서 회의를 합니다. 보기와 같이 이야기하십시오.

보기

팀장 신제품의 판매 실적이 매우 좋지 않습니다. 제품의 판매량이 늘지 않는 한 이 제품은 곧 생산이 중단될 겁니다. 이에 대한 여러분의 의견을 듣고 싶습니다.
사원 제 생각에 이 제품은 홍보 활동이 부족했습니다. 따라서⋯.

연습해 봅시다

• 보기 와 같이 이야기하십시오.

관광지	특징	주의 사항
보기 북한산	웅장하고 기이한 모양의 바위 경이로운 풍경 이질적이면서도 조화로운 모습	예약을 해야 이용할 수 있는 등산 코스가 있음.
1) 보령 머드 축제	이름난 관광지 생명력 넘치는 자연 이색적인 체험	구명조끼를 입지 않으면 일부 체험에 참가할 수 없음.
2) 알펜시아 스키장	감탄할 수밖에 없는 설경 말로 형용할 수 없이 아름다운 야경 이국적인 분위기의 리조트	스키를 타는 사람만 리프트를 이용할 수 있음.
3)		

보기

가 이번 주말에 북한산에 가 볼까 하는데 혹시 가 본 적이 있어요?

나 네, 북한산은 **웅장하고** **기이한** 모양의 바위들이 많아요. 정상에서 보는 풍경이 **경이로운데** 특히 산과 도시가 어우러지는 모습이 **이질적이면서도** 조화로워서 인상적이었어요.

가 그래요? 기대되네요. 혹시 주의해야 하는 게 있나요?

나 네, 북한산 등산 코스 중에 어떤 코스는 **예약하지 않는 한** 이용할 수가 없어요. 그러니까 미리 알아보고 가세요.

2. 환경 파괴와 환경 보호

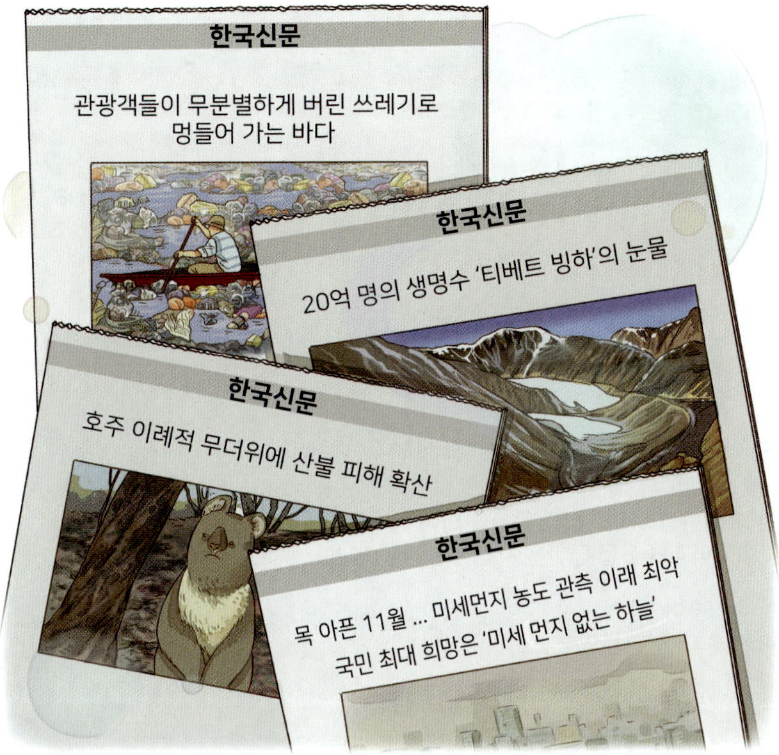

- 어떤 경우에 환경이 오염됐다는 생각이 듭니까?
- 환경을 보호하기 위해서 어떤 일을 할 수 있습니까?

기 자 부산 해운대구와 환경 단체인 '자연 지킴이'는 지난 5일부터 '다시 쓰는 해운대'라는 행사를 열고 있습니다. 바닷가에 버려진 폐기물을 수거해서 조형물을 만드는 행사인데요. 관계자분을 모시고 이야기를 나누어 보겠습니다. 안녕하십니까? 어떻게 이런 행사를 기획하게 되셨습니까?

관계자 해운대 일대가 발전하고 많은 사람들이 찾게 되면서 이곳에서 버려지는 쓰레기가 주변 환경에 심각한 악영향을 끼치고 있습니다. 이 문제를 그냥 넘겨서는 안 되겠다는 생각이 들어서 이번 행사를 기획하게 됐습니다. 이 행사를 통해서 해운대를 깨끗하게 보존하고 해양 오염의 심각성을 알려서 환경 보호에 대한 시민 의식을 확산시키고자 합니다.

폐기물　수거　조형물　악영향　보존하다　해양　시민　의식

어휘 1

환경

파괴 원인	파괴 현상	보호 방법
자연 개발 폐기물/폐수 매연/배기가스	대기/수질/토양 오염 오존층 파괴 지구 온난화 이상 기후	개발 규제 분리 수거 친환경 제품 사용 대체 에너지 개발

• 뉴스 보도와 관계있는 것을 연결하십시오.

보기	인천의 한 공장에서 더러운 물을 바다에 버려 물고기들이 떼죽음을 당하는 사건이 발생했습니다.	① 폐수
1)	아직 한겨울인데도 계속되는 영상 기온 때문에 벌써 봄꽃이 핀 곳이 있다고 합니다.	② 분리 수거
2)	음식물 쓰레기를 일반 쓰레기 봉투에 버리는 경우가 많아서 처리에 문제가 있다고 합니다.	③ 대기 오염
3)	한 빙하 전문가가 2030년에는 북극의 빙하가 사라질 수도 있다는 견해를 내놓았습니다.	④ 이상 기후
4)	깨끗하지 않은 공기가 흡연보다도 건강에 더 해가 된다는 연구 결과가 나왔습니다.	⑤ 지구 온난화
5)	석유보다도 태양이나 바람, 파도 등에서 더 많은 에너지를 얻는 시대가 곧 올 거라고 합니다.	⑥ 대체 에너지

• 환경 보호를 위해 어떤 노력을 하고 있습니까? 보기 와 이야기하십시오.

보기

가 우리나라는 큰 도시 주변에 개발 제한 구역(그린벨트)을 만들어서 무분별한 **개발**을 **규제**하고 있어요.

나 우리나라는 **대기 오염**이 심각해서 오염 수치가 안 좋은 날은 차량 2부제를 해요.

가 차량 번호 끝자리가 홀수인 차량은 홀수 일에만, 짝수인 차량은 짝수 일에만 자동차를 운행할 수 있게 하는 제도지요?

가 네, 그리고 **매연**이나 **배기가스** 양에도 제한이 있어요.

어휘2

• 원룸 빌딩에 붙은 안내문입니다. (   )에 알맞은 표현을 쓰십시오.

하나원룸 주민들께 드리는 안내문

- 현관의 보안 시설 공사가 무사히 끝났습니다. 보안 문제로 그동안 주민 여러분께 (보기 걱정을 끼쳐)어/아/여 드려서 죄송합니다.
- 지난주에 화재 알람 오작동으로 알람이 3차례 울렸습니다. 혹시나 화재가 발생한 게 아닌가 하고 많이들 놀라셨을 텐데 ❶ (   )어/아/여 드려서 죄송합니다.
- 집 안에서 담배를 피우는 분이 계십니다. 담배는 건강에 ❷ (   )는/은/ㄴ 것인 만큼 모두의 건강을 위해 담배는 밖에서 피워 주시기 바랍니다.
- 자전거, 쓰레기 봉투 등을 복도에 내놓아 통행에 ❸ (   )는/은/ㄴ 가구가 많습니다. 복도에 내놓은 물건들을 치워 주시기 바랍니다.
- 시끄러운 음악 소리와 발소리 때문에 시끄럽다는 불만이 많습니다. 이웃에게 ❹ (   )지 않도록 조심해 주십시오.

• 누군가에게 걱정을 끼치거나 불편을 끼친 적이 있습니까? 보기 와 같이 이야기하십시오.

보기

가 저는 중고등학교 때 패스트푸드만 좋아해서 부모님께 걱정을 끼쳤었어요.
나 패스트푸드는 건강에 악영향을 끼치는 음식이니까 부모님께서 걱정이 많으셨겠어요.
가 에릭 씨도 부모님께 염려를 끼친 적이 있나요?
나 아주 어렸을 때 장난이 심해서 걱정이 많으셨다고 하는데 저는 기억이 하나도 안 나요.

-어서는/아서는/여서는

동사나 형용사에 붙어서 어떤 행위나 상태에 대해 금지하거나 제한함을 나타낸다. 뒤에 부정어를 같이 쓴다.

- 운전 중에 졸아서는 안 됩니다.
- 길거리에 쓰레기를 함부로 버려서는 안 됩니다.
- 영화를 상영하는 동안 휴대 전화를 사용해서는 안 돼요.
- 눈이 이렇게 나빠서는 비행기 조종사가 될 수 없습니다.

가 여기는 노약자석입니다. 학생은 여기에 앉아서는 안 돼요.
나 죄송합니다. 몰라서 실수를 했습니다.

가 초등학생인데도 이 놀이 기구를 탈 수 없나요?
나 네, 이 놀이 기구는 키가 140cm 이하여서는 탑승이 불가능합니다.

- 승객의 질문에 승무원이 대답합니다. 보기 와 같이 이야기하십시오.

보기 급하게 통화할 데가 있는데 전화를 사용해도 될까요?

① 비행기 안에서 담배를 피우면 안 되지요?

② 지금 화장실을 사용할 수 있나요?

③ 창문 덮개를 닫으면 안 된다고요?

④ 다리가 아픈데 잠시 일어나 있어도 될까요?

⑤ 자리가 불편한데 좌석을 옮겨도 괜찮겠습니까?

보기

손 님 급하게 통화할 데가 있는데 전화를 사용해도 될까요?
승무원 죄송합니다, 손님. 비행기가 이륙하는 동안에는 전화를 **사용해서는** 안 됩니다.

연습해 봅시다

• 환경 문제에 대해서 보기 와 같이 이야기하십시오.

문제점	악영향	개선 방안
보기 자동차와 공장의 매연 대기 오염이 심각	생활 곳곳에 불편	대체 에너지 개발을 늦추면 안 된다.
1) 공장들의 폐수 수질 오염이 심각	바다 생물에 해	폐수를 바다로 버리게 놔두면 안 된다.
2) 지구 온난화 이상 기후 발생	지구 환경에 악영향	무분별하게 자연을 개발하면 안 된다.
3)		

보기

가 자동차와 공장의 **매연**으로 인한 **대기 오염**이 심각해지고 있어서 큰일이에요.

나 네, 대기 오염이 심각해져서 우리 생활 곳곳에 큰 **불편을 끼치고** 있지요.

가 매연을 줄여서 대기를 깨끗하게 만들 수 있는 방안을 하루빨리 마련해야겠어요.

나 네, 그러기 위해서는 대체 에너지 개발을 **늦춰서는** 안 되겠지요.

복습

1 알맞은 단어를 골라서 (　　)에 쓰십시오.

의식　　습지　　생물　　폐기물　　생명력　　보존하다

경상남도 창녕에 위치한 '우포늪'은 주변보다 땅이 낮아서 물이 흘러들어서 만들어진 ❶ (　　　　) 이다/다. 식물, 어류, 조류 등 다양한 ❷ (　　　　)이/가 살고 있는데 특히 식물의 경우 우리나라 전체 식물의 10%인 435종이 있다. 우포늪은 그만큼 ❸ (　　　　)이/가 넘치는 곳이다. 우포늪은 한국에서 가장 크고 오래된 자연 습지로 정부가 1997년에 자연생태계보호구역으로 지정하여 잘 ❹ (　　　　)고 있다.

우포늪과 달리 다른 습지들은 개발이 어려운 땅으로 생각되어 관리가 잘 안 되는 경우가 많다. 일부 습지는 ❺ (　　　　)이/가 마구 버려져 있기도 하다. 이제는 습지에 대한 국민들의 ❻ (　　　　) 을/를 변화시켜 습지를 잘 지켜 나가야 할 것이다.

2 다음 문법을 사용하여 이야기를 완성하십시오.

-는 한　　-어서는

타오 이번 주말에 한국어 능력 시험을 보러 가요. 한국어 능력 시험을 처음 보는데 조심해야 할 게 있으면 좀 알려 주세요.

노라 감독하는 선생님께서 문제를 풀라고 ❶ ____________ (지시하지 않다) 먼저 문제를 풀지 마세요. 그럼 부정행위가 돼요. 그리고 질문이 있을 때 일어서거나 선생님 쪽으로 ❷ ____________ (걸어가다) 안 돼요. 자리에 앉아서 손을 들면 감독하는 선생님께서 오실 거예요.

18과

건축과 환경

01 한옥의 과학성

대화 어휘 각도, 기와집, 마루, 온돌, 처마, 한옥, 멋스럽다, 아늑하다, 자연 친화적

확장 어휘 가옥, 개조, 초가집, 통풍, 환기, 사치스럽다, 수다스럽다, 실망스럽다, 유난스럽다, 혼란스럽다

문법 -는 듯하다

02 건축과 공간

대화 어휘 모서리, 색상, 시각적, 외형적, 초점, 독특하다, 조화롭다

확장 어휘 가장자리, 굴곡, 꼴, 모퉁이, 정삼각형, 직사각형, 다채롭다, 매끄럽다, 울퉁불퉁하다, 풍요롭다, 한가롭다, 향기롭다

문법 -으니만큼

MP3 / 35

1. 한옥의 과학성

- 한옥을 보고 가장 인상적이었던 것이 무엇입니까?
- 한옥에서 살면 어떤 점이 좋을 것 같습니까?

우 진 지난번에 갔다 온 운현궁은 어땠어요?

올리비아 분위기가 무척 아늑하고 고요했어요. 도심 속에 있다가 그곳에 들어간 순간 마치 다른 세상에 들어온 듯했어요.

흐 엉 기와집도 정말 멋스럽더라고요. 그날 날씨가 더워서 땀을 식히려고 마루에 잠시 앉아 있었는데 생각보다 덥지 않았어요.

우 진 아, 그건 처마의 각도 때문일 거예요. 해가 높이 뜨는 여름에는 집 안으로 햇볕을 받아들이지 않고, 해가 낮게 뜨는 겨울에는 따뜻한 햇볕을 깊게 받아들이는 원리예요.

올리비아 한옥의 멋스러운 모습 뒤에 그런 과학적 원리가 담겨 있었네요.

우 진 그뿐만 아니라 한국의 전통적인 난방 방식인 온돌도 과학적이라고 해요. 부엌에서 불을 피우면 열기가 방바닥 밑을 지나면서 방을 따뜻하게 해 줘요. 온돌은 추운 겨울을 위한 것이고, 마루는 더운 여름을 위한 것이에요.

흐 엉 한옥이 나무, 흙, 돌로 지어졌다고 들었는데 다시 한 번 한옥이 자연 친화적이면서 과학적이라는 생각이 드네요.

아늑하다 기와집 멋스럽다 마루 처마 각도 한옥 온돌 자연 친화적

어휘 1

가옥 기와집 초가집 지붕 처마 마루 온돌 마당 환기 통풍 개량 개조

- 한옥 호텔에 대한 소개입니다. (   )에 알맞은 표현을 쓰십시오.

서울 북촌 한옥 마을에 위치해 있는 '청운정'이 한옥 호텔로 (보기 개조를)~~을/를~~ 해서 문을 열었다. 청운정의 대표 '김민자'는 한국의 전통 ① (   )을/를 호텔로 개조하여 한국의 전통 문화를 보여 주고 싶다고 하였다. 청운정은 규모가 작은 도시형 한옥이지만 장독이 놓여 있는 ② (   )에 햇볕이 쏟아져 실내가 밝다. ③ (   )은/는 개방된 공간으로 환기와 ④ (   )이/가 잘되도록 만들었으며 화장실은 현대식으로 ⑤ (   )을/를 해서 불편함을 해결하였다. 객실 내 옷장에는 생활 한복식 잠옷 두 벌이 걸려 있으며 냉장고와 에어컨은 보이지 않게 숨겼다.

- 여러분 나라의 전통 가옥의 특징을 보기 와 같이 이야기하십시오.

보기

가 한국의 전통 가옥은 지붕의 재료에 따라 기와집과 초가집으로 나뉘는데 태국의 가옥은 어때요?

나 태국도 한국과 비슷하게 지붕의 재료에 따라 집을 구분해요.

가 한국의 가옥은 더위를 피하기 위해 마루 양쪽을 개방하여 통풍이 잘되도록 하였는데 태국의 가옥은 어때요?

나 태국 가옥은 지붕을 높게 만들어서 통풍이 잘되게 했어요. 또한 벌레와 비 피해를 막기 위해서 집을 땅에서 높게 올려서 이층집으로 지었지요.

어휘2

멋스럽다
실망스럽다
혼란스럽다
정성스럽다
유난스럽다
사치스럽다
수다스럽다

- 남자 친구에 대해 이야기합니다. (   )에 알맞은 단어를 쓰십시오.

제 남자 친구는 평소에 좀 무뚝뚝하지만 제가 조금이라도 아프면 병원에 가자고 난리를 쳐요. 좀 (보기 유난스러운가요?)~~은가요/ㄴ가요~~? 제 눈엔 사랑스러워 보여요. 그리고 제가 아무리 ① (   )게 이야기를 해도 저를 귀엽게 봐 줘요.

어느 날 소풍을 갔는데 남자 친구가 도시락을 ② (   )게 준비해 온 거예요. 정말 감동받았어요. 그런데 남자 친구가 게임에 빠져서 연락이 안 될 때는 남자 친구한테 너무 ③ (   )어요/아요/여요. 날 사랑하는 게 맞나 ④ (   )을/ㄹ 때도 있어요.

- 여러분의 가족이나 친구는 어떤 특징이 있습니까? 보기 와 같이 소개하십시오.

보기

가 저희 엄마가 만들어 주시는 음식은 정말 최고예요. 엄마가 **정성스럽게** 만들어 주신 음식을 먹고 나면 힘이 막 솟아요. 그리고 우리 집에서 제 오빠와 남동생이 제일 말이 많아요. 정말 **수다스러워요**.

나 재미있겠어요. 아빠는 어떤 분이세요?

가 저희 아빠는 형제들 중에 저를 가장 예뻐하시는데 '딸 바보 아빠'라고 불릴 정도로 저를 **유난스럽게** 사랑하세요.

-는/은/ㄴ 듯하다

동사나 형용사에 붙어서 어떤 것에 대한 화자의 주관적인 판단이 개입된 짐작이나 추측을 나타낸다.

- 질문에 대답을 안 하는 걸 보니 모르는 듯합니다.
- 실내가 좀 추운 듯해서 히터를 켰어요.
- 저 식당이 유명한 식당인 듯해서 저도 한번 가 봤어요.
- 12번 선수가 잘 뛰지 못하는 걸 보니 공을 차다가 다리를 삔 듯합니다.

가 이 식당 분위기가 좋지요?
나 네, 일본 전통 식당에 와서 밥을 먹으니까 일본에 와 있는 듯해요.

가 존슨 씨가 이틀 동안 안 보여요. 무슨 일일까요?
나 아무래도 고향에 돌아간 듯해요.

- 우진 씨와 유키 씨가 한국 민속촌에 갔습니다. 보기 와 같이 이야기하십시오.

상황		유키	우진
	한복을 입고 전통 혼례식을 치르다	보기 옛 시대로 돌아가다	1) 부부가 되다
	길거리에서 거지 모습을 한 아르바이트생을 만나다	2) 진짜 그곳에서 사는 거지이다	3) 정말 배가 고프다
	마당에서 그네를 타다	4) 하늘을 날다	5) 천사가 하늘에서 내려오다

보기

가 한복을 입고 전통 혼례식을 치러 보니까 기분이 어땠어요?
나 마치 옛 시대로 돌아간 듯했어요.

연습해 봅시다

• 광고를 보고 나서 직접 집을 찾아가 구경한 후의 이야기입니다. 보기 와 같이 이야기하십시오.

광고	사실	추측
보기 마당이 넓은 2층짜리 친환경 단독 주택	부모님이 이전 집에서 마당을 정성스럽게 가꾸심.	부모님이 새 집을 마음에 들어 하시다
1) 현대식 집, 전통식으로 개조 힐링 공간으로 탄생	무척 멋스러워 보임.	마치 옛 시대로 돌아가다
2) 상쾌하고 전망 좋은 원룸 환기와 통풍 보장	직접 집을 보고 나서 실망스러움.	허위 광고가 많다
3)		

보기

가 얼마 전 **마당**이 넓은 2층짜리 단독 주택을 보고 왔는데요. 마당이 넓어서 개도 여러 마리 기를 수 있고 각종 채소도 키울 수 있을 것 같아요.

나 무척 마음에 드는 집이었나 봐요.

가 저희 부모님이 이전 집에서 마당을 **정성스럽게** 가꾸셨거든요. 그래서 그런지 이번에 둘러본 집을 무척 **마음에 들어 하시는 듯했어요**.

2. 건축과 공간

- 여러분 나라의 건축과 한국의 건축은 어떻게 다릅니까?
- 건축이 환경의 영향을 받는다고 생각합니까? 왜 그렇습니까?

올리비아 얼마 전에 세계 건축 포럼에 갔다 왔는데 서양 건축과 한국 건축의 차이에 대한 이야기가 무척 흥미로웠어요. 서양의 건축은 시각적으로 아름답게 표현하고자 하였다면 한국의 건축은 공간에 있는 사람에게 초점을 두었대요. 건축을 밖에서 볼 것인지 아니면 건축의 안으로 들어가 사람과 함께 어울리는 공간으로 볼 것인지에 따라 차이가 난대요.

유 키 그렇군요. 제가 창덕궁에 있는 정자를 보러 간 적이 있었는데 각 정자의 디자인, 색상, 기둥, 천장, 모서리 등이 무척 독특할 뿐만 아니라 주위 환경과도 잘 어울렸어요. 그때까진 외형적인 모습을 중심으로 정자를 봤는데 실제로 정자에 올라가 안에서 주위 풍경을 바라보니 그때서야 정자의 진정한 아름다움을 느낄 수 있었어요. 한국의 건축은 인간과 환경의 조화를 중요하게 생각하니만큼 주위 환경과 조화롭게 어울리도록 지어진 것 같아요.

시각적　초점　색상　모서리　독특하다　외형적　조화롭다

어휘

어휘 1

꼴 원 정삼각형 직사각형	모서리 가장자리 굴곡 모퉁이	울퉁불퉁하다 매끄럽다

• 기행문입니다. (   )에 알맞은 단어를 쓰십시오.

이집트 여행에서 가장 인상적이었던 것은 바로 피라미드였다. 피라미드는 네 개의 면이 (보기 정삼각형)모양이고 바닥 면은 사각형 ❶ (   )이었다/였다. 가이드는 피라미드의 네 개의 ❷ (   )이/가 정확하게 동서남북 방향을 가리킨다고 하였다. 또한 지금의 피라미드는 표면이 울퉁불퉁하고 ❸ (   )이/가 있지만 6백 년 전만 해도 피라미드의 표면은 ❹ (   )었다고/았다고/였다고 하였다. 눈앞에 서 있는 피라미드가 경이롭게 느껴졌다. 하루 일정을 마치고 호텔로 돌아와 맞은편 길 ❺ (   )에 있는 '알리바' 식당에서 저녁을 먹었다.

• 다음 주제에 대하여 보기 와 같이 이야기하십시오.

종이접기　　살고 싶은 집 설명하기　　자기 방 소개하기

보기

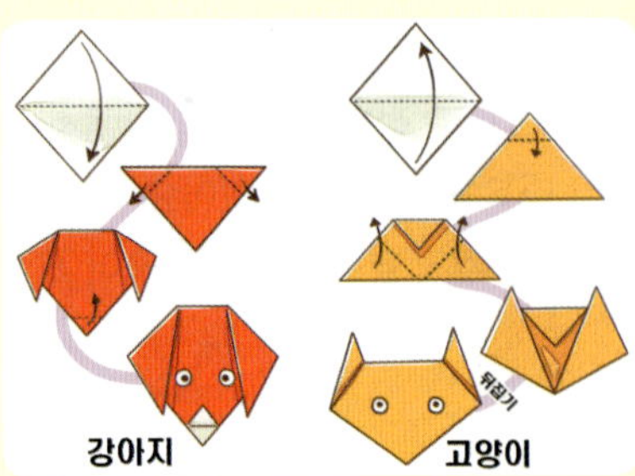

가 강아지 접는 법 좀 가르쳐 주실래요?
나 좋아요. 먼저 **정사각형** 색종이 중 하나를 고르세요. 그것을 반으로 접어서 **삼각형** 모양을 만드세요.
가 그 다음은 어떻게 해요?
나 삼각형 양끝의 **모서리**를 조금 접어서 귀를 만드세요. 그리고 나머지 모서리 부분을 조금 접어서 입을 만들면 돼요.

어휘2

조화롭다
경이롭다
풍요롭다
향기롭다
한가롭다
다채롭다

• 장미 축제에 대한 광고문입니다. (　　)에 알맞은 단어를 쓰십시오.

사랑은 장미 축제에서!

이번 서울 화원에서 열리는 장미 축제에는 100만 송이의 장미가 전시되며 각양각색의 장미와 이색적인 예술품들이 장미원 곳곳에 전시됩니다. 사랑하는 사람과 함께 형형색색의 장미꽃들이 (보기 조화롭)게 어울리는 장미원으로 놀러 오세요!!

① (　　　　　)는/은/ㄴ 장미 향기를 맡으며 사랑하는 가족과 로즈 산책길을 ② (　　　　　)게 걸으며 마음을 나눠 보세요.

매직쇼, 러브 콘서트, 사진 전시회, 머그컵 만들기 등 ③ (　　　　　)는/은/ㄴ 행사도 준비되어 있습니다.

• 자신이 가 본 여행지에 대해서 보기 와 같이 이야기하십시오.

보기

가 제가 지금까지 가 본 곳 중에 가장 기억에 남는 곳은 속초예요.
나 강원도 동해 바닷가에 있는 도시지요?
가 네, 긴 터널을 지나니까 눈부시게 하얀 설악산과 거대한 바위가 보였어요. 그리고 좀 더 가다가 보니까 새파란 바다가 보였어요. 산과 바위와 바다가 **조화롭게** 펼쳐져 있는 모습이 정말 아름답고 **경이로웠어요**. 이러한 **풍요로운** 자연 속에서 속초 지역의 문화도 **다채롭게** 발달한 것 같아요.

-으니만큼/니만큼

동사나 형용사에 붙여 앞 문장의 내용이 이유나 원인이 되어 그에 상응하는 결과가 뒤 문장에 나타날 때 쓴다.

- 소비자들이 이 제품을 많이 찾으니만큼 수량이 모자라지 않도록 제품을 준비해 놓아야 합니다.
- 그 회사 근무 조건이 좋으니만큼 경쟁이 치열하다.
- 이번 시합이 첫 경기이니만큼 긴장이 되겠지만 최선을 다해서 뛰세요.
- 열심히 노력했으니만큼 좋은 결과가 있을 거예요.

가 사람들이 투표를 많이 할까요?
나 네, 모바일로도 투표할 수 있으니만큼 많은 사람들이 참여하지 않을까요?

가 요즘 독감에 걸린 사람이 많은 듯해요.
나 독감이 유행하니만큼 개인 위생에 신경을 쓰고 마스크를 꼭 써야 해요.

• 여행을 가는 친구에게 조언을 합니다. 보기와 같이 이야기하십시오.

	흐엉	올리비아
보기	처음 가는 유럽 여행이에요.	빈틈없이 준비를 잘해야 해요.
1)	배낭여행은 단체 관광보다 자유롭겠지요?	원하는 곳을 마음껏 구경하세요.
2)	유럽 여행은 돈이 많이 들겠지요?	경비를 여유 있게 준비해야 해요.
3)	유럽에 구경거리가 많겠지요?	계획을 잘 세워서 빠짐없이 잘 보고 오세요.
4)	2주 이상 여행을 해요.	지치지 않도록 건강에 신경을 쓰세요.
5)	친한 친구들과 함께 가기로 했어요.	좋은 추억을 많이 쌓고 오세요.

보기

가 저 이번 방학 때 처음으로 유럽 여행을 가요.
나 정말 기대가 되겠어요. 처음 가는 유럽 **여행이니만큼** 빈틈없이 준비를 잘해야 해요.

연습해 봅시다

• 아트 페스티벌 행사장입니다. 보기 와 같이 이야기하십시오.

보기 향수 만들기 체험관	- 정문에서 오른쪽 방향 - 길모퉁이에서 오른쪽으로 돌기	향기로운 냄새	- 직접 향수를 만들 수 있다. - 소중한 향수가 될 것이다.
1) 포토존	- 정문에서 왼쪽 방향 - 원, 삼각형, 사각형 등 여러 모양의 부스로 구성	조화로운 구성	- 가장 인기가 많은 곳이다. - 제일 먼저 가는 것이 좋다.
2) 콘서트장	- 포토존과 분수대 사이 - 무대 가장자리에 여러 색깔의 조명 설치	다채로운 행사	- 시간대별로 다양한 공연을 볼 수 있다. - 남녀노소 할 것 없이 누구나 즐길 수 있다.
3)			

보기

참여자 향수 만들기 체험관이 어디에 있습니까?
안내원 정문에서 오른쪽으로 가시다가 길**모퉁이**에서 오른쪽으로 돌면 체험관이 나옵니다.
참여자 그 체험관이 가 볼 만한가요?
안내원 그럼요. **향기로운** 냄새가 가득한 곳에서 향수를 만들어 보세요. 직접 향수를 **만드니만큼** 세상에서 단 하나뿐인 소중한 향수가 될 겁니다.

복습

1 알맞은 단어를 골라서 (　　)에 쓰십시오.

아늑하다	각도	자연 친화적	시각적	색상	독특하다	외형적

부산은 한국의 제2의 도시이다. 아름다운 바닷가와 다리, 크고 작은 건물들이 조화를 이루면서 이국적인 느낌을 준다. ❶ (　　　　　　)으로/로 화려해 보이는 부산은 야경으로 유명하다. 밤바다와 ❷ (　　　　　　) 효과를 준 조명들이 야경을 더욱 빛나게 해 준다. 도심 곳곳에 있는 다양한 ❸ (　　　　　　)의 광고판과 ❹ (　　　　　　)는/은/ㄴ 그림의 벽화는 여행객들에게 강한 인상을 남긴다.

도심 관광을 마치고 호텔로 돌아오는 길에 늘숲 카페에 들어가 보자. 꽃과 나무로 실내 장식을 한 이곳은 도시와는 달리 ❺ (　　　　　　)인 분위기를 느끼게 한다. 어느 ❻ (　　　　　　)에서 사진을 찍어도 멋스럽게 나오는 늘숲 카페! 이곳에서 여유롭고 ❼ (　　　　　　)는/은/ㄴ 분위기를 즐기며 차 한 잔 마시는 건 어떨까?

2 다음 문법을 사용하여 이야기를 완성하십시오.

-는 듯하다	-으니만큼

가　요즘 '한국어학당'이라는 웹툰이 인기가 있다면서요?

나　네, 소재가 신선해서 인기가 ❶ ______________(있다).

가　인기가 ❷ ______________(많다) 드라마로 제작되어도 성공할 것 같아요.

19과

한국 역사의 이해

01 한국 역사의 흐름

대화 어휘 건국, 고난, 신석기, 전성기, 핵심적

확장 어휘 국력, 근세, 도난, 수난, 약화, 위기, 재난, 중세, 피난

문법 -은 결과

02 소중한 문화유산

대화 어휘 등재, 배산임수, 왕릉, 제례, 풍수지리, 자리하다, 온전하다

확장 어휘 게재, 기재, 발굴, 복구, 복원, 심의, 적재, 지정

문법 으로는

1. 한국 역사의 흐름

MP3 / 37

- 한국의 역사적인 인물 중에서 아는 사람이 있습니까?
- 서울의 유적지 중 어디에 가 봤습니까?

하 늘 어제 서울 역사 박물관에 갔다 왔다면서? 어땠어?

리타오 재미있었어요. 특히 서울에 대한 전시가 흥미로웠어요.

존 나도. 서울은 조선 시대와 지금 대한민국의 수도로만 생각했는데 알고 보니까 아주 오래 전부터 한국 역사에서 핵심적인 곳이었더라.

하 늘 맞아. 국가가 형성되기 전인 신석기 시대에도 한강 근처에는 사람들이 살고 있었대. 그리고 백제가 건국되었을 때의 수도가 오늘의 서울 지역이고. 삼국 시대에는 나라마다 전성기 때 한강을 차지했었어.

존 그렇구나. 서울도 전쟁 같은 고난을 겪고 극복하는 과정을 거친 결과 지금의 모습으로 발전한 거네.

리타오 서울에 살면서도 조선 시대의 궁이나 광화문 정도밖에 구경해 보지 않았는데 이제는 다른 시대의 서울에도 관심을 가져 보려고 해요. 인터넷으로 찾아보니까 가 볼 만한 곳이 많았어요.

핵심적 신석기 건국 전성기 고난

어휘 1

역사의 흐름	국가의 형성과 발전
고대 - 중세 - 근세 - 근대 - 현대	건국 - 성장, 발전 - 위기, 고난 - 국력의 약화

한국 역사의 흐름
고조선 - 삼국 시대(고구려, 백제, 신라) - 남북국 시대(통일 신라, 발해) - 고려 - 조선 - 대한제국 - 일제 강점기 - 대한민국

• 역사 수업 시간에 필기한 내용입니다.(　　)에 알맞은 표현을 쓰십시오.

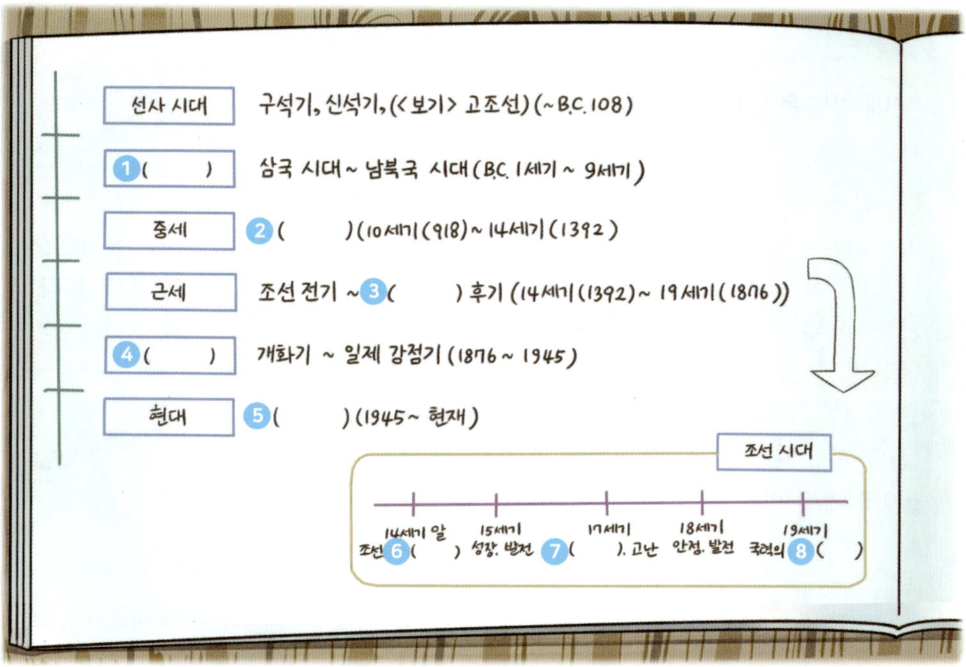

• 보기 와 같이 이야기하십시오.

책의 역사　　교통수단의 역사　　교육 기관의 역사　　연락 수단의 역사

보기

가 고대 사회에서는 파피루스, 대나무에 글을 적었대요.

나 양이나 송아지 가죽에 글을 적기도 하고요. 책이 너무 비싸서 아무나 쉽게 가질 수 없는 것이었다고 들었어요.

가 맞아요. 그 후에 오랜 시간이 지나 종이가 발명되었고 중세에서 근세로 넘어가는 시기에 인쇄술이 보급되면서 책을 다량으로 만들어 낼 수 있게 되었어요. 그 덕분에 사회가 급속하게 성장하고 발전했지요.

나 현대 사회에서는 종이책보다 전자책을 선호하는 사람들도 많잖아요. 이러다가 종이책이 없어지는 건 아닐까요?

어휘2

고난
재난
수난
피난
비난
도난

• (　　)에 알맞은 단어를 쓰십시오.

우리 할아버지는 한국 전쟁을 겪은 세대이다. 할아버지는 그 시대의 다른 사람들과 마찬가지로 전쟁 중에 많은 (보기 수난을)을/를 겪으셨다고 한다. 고향을 떠나고 싶지 않으셨던 할아버지도 전쟁이 길어지면서 어쩔 수 없이 ❶ (　　　　)을/를 가게 되셨다고 한다. 험난한 피난길 중에는 잠을 자는 사이에 ❷ (　　　　)을/를 당하기도 했고 죽을 뻔한 위기도 여러 번 넘겼다고 하셨다. 전쟁이 끝난 후에도 가뭄이나 홍수, 전염병 등의 ❸ (　　　　)으로/로 우리나라에는 오랫동안 힘든 시간이 계속되었다고 하셨다. 이런 ❹ (　　　　)을/를 이겨 내기 위해서 할아버지와 그 시대 사람들이 얼마나 노력했는지를 듣다가 보면 눈물이 나기도 한다.

• 최근 여러분 나라에서 겪고 있는 문제는 무엇입니까? 보기 와 같이 이야기하십시오.

보기

가 우리나라에서는 요즘 인터넷에서 다른 사람을 **비난**하는 댓글 문제가 심각한 사회 문제 중 하나예요.
나 얼굴이 보이지 않는다고 해서 그렇게 행동하면 안 되지요. 그런 댓글이 한 사람의 인생을 망칠 수도 있는데 말이에요.
가 맞아요. ○○ 씨 나라에도 요즘 문제가 있어요?
나 얼마 전에 뉴스에도 나왔는데 태풍으로 인해 **재난**을 당한 사람들이 많아요. 그래서 국민들이 물품을 기증하거나 자원봉사를 하면서 빨리 복구되도록 돕고 있어요.

-은/ㄴ 결과

동사에 붙여 어떤 일이나 과정이 끝난 후의 결과를 나타내기 위해서 쓴다.

- 열심히 공부한 결과 원하는 대학에 입학할 수 있었다.
- 의사가 처방해 준 대로 꼬박꼬박 약을 먹은 결과 증세가 좋아졌다.
- 저녁마다 줄넘기를 한 결과 이제 한 번에 1,000개도 할 수 있게 됐다.
- 매일 아침에 한국어로 뉴스를 들은 결과 이제는 어렵지 않게 알아들을 수 있게 되었다.

가 이번 광고에 대한 소비자들의 반응은 어떻습니까?
나 조사를 실시한 결과 20대에서 특히 만족도가 높았습니다.

가 무인 택시가 나온다는 뉴스를 보셨어요?
나 네, 자동차 회사에서 많은 테스트를 거친 결과 안전성이 확인되었대요.

- 작은 서점을 운영하고 있는 사장님을 인터뷰합니다. 보기 와 같이 이야기하십시오.

보기 매일 밤늦게까지 야근했다.	건강이 나빠졌고 사는 것이 즐겁지 않았다.
1) 무엇을 할까 고민했다.	내가 좋아하는 책을 모아서 파는 서점을 하기로 했다.
2) 열심히 돌아다녔다.	마음에 드는 가게 자리를 찾았다.
3) 여기저기 알아보고 직접 발로 뛰어다녔다.	싼값에 가게를 예쁘게 꾸밀 수 있었다.
4) 서점 운영을 시작하고 열심히 일했다.	1년 만에 어느 정도 자리를 잡게 되었다.
5) 틈틈이 써 온 글을 책으로 출판했다.	사람들의 좋은 반응을 얻게 되었고 보람을 느꼈다.

보기

가 안녕하세요. 안정된 직장을 그만두고 작은 서점을 운영하신다고 들었습니다. 특별한 계기가 있었습니까?
나 남들이 부러워하는 직장을 다니고 있었지만 저는 행복하지 않았어요. 매일 밤늦게까지 **야근한 결과** 건강이 나빠졌고 사는 것이 즐겁지 않았습니다.

연습해 봅시다

• 한국의 역사에서 어느 시대에 관심이 있습니까? 보기 와 같이 이야기하십시오.

보기 신라(고대)	여러 가지 고난과 위기가 있었지만 약 1,000년 동안 나라를 유지함.	빛나는 역사적 유물들을 남겼다.
1) 고려(중세)	건국 초기인 제4대 왕 광종 때 지배 계층의 비난에도 불구하고 신분 제도를 개선했음.	많은 사람들이 원래의 신분을 되찾을 수 있었다.
2) 조선(근세~근대)	조선 후기의 왕 정조 때 반대 세력에게서 수난을 당하던 인재들을 일할 수 있게 함.	나라가 성장하고 발전했다.
3)		

보기

가 유키 씨는 한국의 역사에서 어느 시대에 관심이 있어요?

나 저는 한국의 사극 드라마를 보면서 **신라 시대**에 관심이 생겼어요.

가 신라의 역사에서 어떤 점이 인상적이에요?

나 여러 가지 **고난**과 **위기**가 있었지만 약 1,000년 동안 나라를 **유지한 결과** 빛나는 역사적 유물들을 남긴 점이 가장 인상적이에요. 앞으로 좀 더 자세히 알아보고 싶어요.

2. 소중한 문화유산

- 여러분 나라의 자랑할 만한 문화유산에는 어떤 것이 있습니까?
- 한국의 문화유산을 직접 본 적이 있습니까?

해 설 사 이곳은 '조선 왕릉' 중 하나인 영릉으로, 세종 대왕과 왕비의 능입니다. 조선 왕릉은 조선 왕조의 왕과 왕비의 무덤입니다. 18개 지역 총 40기로 이루어져 있습니다.

흐 엉 조선 왕릉은 어떤 곳에 자리하고 있습니까?

해 설 사 조선 왕릉은 풍수지리의 원리를 기초로 하여 배산임수의 자리에 위치하고 있습니다. 왕릉이 자연을 해치지 않아야 한다는 원칙을 가지고 건축했고, 건축 과정은 모두 기록되어서 현재까지 남아 있습니다.

올리비아 조선 왕릉이 세계 문화유산이라고 들었어요.

해 설 사 네, 거의 모든 곳이 처음의 모습을 유지하고 있고 오늘날까지 매년 제례가 행해져 오고 있습니다. 한 왕조의 무덤으로는 세계적으로 흔치 않게 온전하게 보존되고 있어요. 이러한 우수함이 인정되어서 2009년 유네스코 세계 문화유산에 등재되었습니다.

왕릉 자리하다 풍수지리 배산임수 제례 온전하다 등재

어휘

어휘1

문화재 발굴 … 심의 … 지정 … 등재 … 보존

훼손 … 복구/복원

• 한국의 '고인돌'에 대한 소개입니다. (   )에 알맞은 표현을 쓰십시오.

'고인돌'은 거대한 바위를 이용해 만들어진 선사 시대의 무덤입니다. 고창, 화순, 강화 지역에 분포해 있는 한반도의 고인돌은 대부분 (보기 보존) 상태가 뛰어납니다. 고인돌은 ① (   ) 보호법에 따라 국가 문화재로 ② (   ) 되어 관리를 받습니다. 무엇보다도 ③ (   )을/를 방지 하기 위해 화재 예방과 주변 환경의 관리를 철저히 하고 있습니다. 한국의 고인돌은 선사 시대의 기술과 사회상을 생생하게 보여 주고 있는 가치를 인정받아 2000년에 세계 문화유산으로 ④ (   )되었습니다.

• 여러분 나라의 문화재 중 한 가지를 골라서 보기 와 같이 이야기하십시오.

보기

가 '무령왕릉'을 아세요? 백제 25대 무령왕과 왕비의 무덤이에요.
나 저는 백제의 역사에 관심이 많은데 무령왕릉은 어떤 **문화재**인가요?
가 1971년에 우연히 **발굴**이 되었는데 4,600여 점의 유물들이 **훼손**되지 않고 그대로 남아 있었대요. 그중에서 국보로 **지정**된 유물도 많아요. 백제사와 한국 미술사 연구에 굉장히 귀중한 자료예요.
나 직접 가서 보고 싶은데요.
가 **보존**을 위해 무덤에는 들어갈 수 없지만 유물들은 국립 공주 박물관에 가면 볼 수 있어요.

어휘2

등재
게재
적재
기재

● 박물관의 오디오 가이드 내용 중 일부입니다. ( )에 알맞은 단어를 쓰십시오.

비록 세계 유산으로 (보기 등재)되지는 않았지만 한국에도 보물선이 있다는 이야기를 들어 보신 적 있으세요? 한국의 바다에서 최초로 발견된 보물선은 1976년 전남 신안 앞바다에서 발견된 '신안선'입니다. 신안선은 1323년에 중국에서 일본으로 가던 중 바다에 가라앉은 무역선입니다. 이 배에는 한국과 중국, 일본의 유물이 24,000여 점이나 ① ( ) 되어 있었고 아라비아 상인에게 구입했을 것으로 생각되는 향신료도 함께 실려 있었다고 합니다. 또한 이 배가 어디에서 출발해서 어디로 가는 배인지, 출발한 때가 언제인지가 ② ( )된 '목간'도 함께 발견되었다고 합니다. 이 배를 통해서 아시아의 여러 나라들이 무역을 하고 있었음을 확인할 수 있기 때문에 교과서에도 ③ ( )되어 있습니다.

● 보기 와 같이 이야기하십시오.

정확하게 기재해야 하는 사항
각국의 등재 문화재
신문에 게재된 기사 / 칼럼 중 인상적인 것

보기

가 저는 얼마 전에 인터넷에서 물건을 사면서 집 주소를 잘못 기재하는 바람에 다른 사람 집으로 택배가 간 적이 있어요.
나 많이 당황했겠어요. 그래서 어떻게 했어요?
가 아무리 기다려도 택배가 오지 않길래 택배 회사에 전화했더니 다음 날 집으로 배송해 줬어요.
나 다행이네요. 저도 그런 실수를 하지 않도록 조심해야겠어요.

으로는/로는

명사에 붙어서 '그에 해당하는 것이라면'의 의미를 나타낸다. 뒤 내용이 그 범주에서 최고임을 강조할 때 쓴다. 동사나 형용사 뒤에는 '-기로는'을 쓴다.

- 야식으로는 치킨이 제일이야.
- 부모님 선물로는 현금만 한 게 없지요.
- 튼튼하기로는 우리 회사 자동차가 최고입니다.
- 춤 잘 추기로는 그 가수를 따를 사람이 없어요.

가 요즘 체력이 부족해서 운동을 해 볼까 해요.
나 체력을 늘리는 운동으로는 조깅이 최고지요.

가 이번 프로젝트에 참여할 직원을 추천해 주십시오.
나 일 잘하기로는 김 과장만 한 사람이 없지요.

- 친구에게 여행을 갈 만한 곳을 추천합니다. 보기 와 같이 이야기하십시오.

보기 머리가 너무 복잡해서 바람 쐬러 어딘가에 가고 싶다	기분 전환	바다를 보러 가는 것만 한 것이 없다
1) 갈 만한 곳	풍경이 아름답다	정동진이 최고이다
2) 교통수단	정동진까지 가는 교통수단	케이티엑스(KTX)만큼 편리한 게 없다
3) 꼭 봐야 할 것	정동진에서 꼭 봐야 할 것	일출을 빼놓을 수 없다
4) 산책할 곳	정동진역 근처에서 산책할 만한 곳	바다부채길이 그만이다
5) 정동진에 갔다가 들를 곳	근처에 구경할 만한 곳	오죽헌과 선교장을 빼놓을 수 없다

보기

가 요즘 머리가 너무 복잡해서 바람 쐬러 어딘가에 가고 싶은데 괜찮은 곳이 있으면 추천해 주세요.
나 기분 전환**으로는** 바다를 보러 가는 것만 한 게 없어요.
가 어느 바다가 좋을까요? 풍경이 좋은 곳이면 좋겠어요.
나 음, ….

연습해 봅시다

• 한국의 문화유산을 소개합니다. 보기 와 같이 이야기하십시오.

	문화유산	특징
보기	 석굴암	- 신라 불교 예술 작품 중 최고라고 할 수 있음. - 8세기에 만들어졌으나 보존이 잘되어 있음. - 큰 돌을 어딘가에 적재하여 운반하는 일이 쉽지 않았을 것 같음.
1)	 창덕궁	- 건축과 조경이 잘 조화된 궁궐임. - 재건축이나 복원을 할 때에는 원래 설계도에 기재된 내용을 충실히 따름. - 주변 100미터 이내에 건물을 지을 때에는 반드시 심의를 거쳐야 함.
2)	 하회마을	- 배산임수의 자연 조건과 유교적 양반 문화를 잘 보여 주는 마을임. - 2010년에 세계 문화유산으로 등재됨. - 영국 여왕의 방문 기사가 여러 신문에 게재됨.
3)		

보기

가 아, 이거 '석굴암' 사진이네요. 지난 방학에 경주에 가서 봤어요. 불상의 미소가 정말 신비로웠어요.

나 네, 석굴암은 신라 시대의 불교 예술 작품**으로는** 최고라고 할 수 있어요.

가 언제 만들어진 건가요?

나 8세기에 만들어졌는데 비교적 **보존**이 잘되어 있는 편이에요.

가 그런데 저런 큰 돌을 어딘가에 **적재**해서 산 중간까지 운반하는 일이 쉽지 않았을 것 같아요.

복습

1 알맞은 단어를 골라서 (　　)에 쓰십시오.

건국　　핵심적　　고난　　배산임수　　온전하다　　자리하다

서울은 조선의 역사에서 ① (　　　　　　)인 역할을 했던 곳이다. 그만큼 역사적인 유물과 유적지, 건축물도 많다. 이중 가장 대표적인 것으로는 경복궁을 꼽을 수 있다. 경복궁은 조선 ② (　　　　　　) 당시 뒤에는 북한산을, 앞에는 청계천과 한강을 둔 ③ (　　　　　　)의 위치에 ④ (　　　　　　)도록 건축하였다. 전쟁을 치르고 화재도 3번이나 발생하는 등 여러 가지 ⑤ (　　　　　　)을/를 겪기도 했다. 그 과정에서 처음 지었을 때의 모습 그대로 ⑥ (　　　　　　)게 유지하지는 못했지만 현대에 와서도 한국 사람들이 사랑하는 건축물 중 하나로 손꼽히고 있다.

2 다음 문법을 사용하여 이야기를 완성하십시오.

-은 결과　　으로는

가　한국 사람들이 가장 아끼는 문화재인 숭례문에 화재 사고가 있었던 것을 아세요? 경찰에서 ① ______________ (조사하다) 정부에 불만을 가지고 있던 사람이 일부러 불을 낸 것으로 밝혀졌대요.

나　저도 한국 친구에게서 들은 적이 있어요. 화재가 난 후부터 복구가 끝나는 데까지 5년이 걸렸는데 1945년 이후의 ② ______________ (문화재 복구) 가장 큰 규모였다고 하더라고요.

20과

한국의 풍습

01 출생, 관례, 혼례

대화 어휘 대, 시댁, 예물, 장손, 추세, 지레짐작하다

확장 어휘 돌상, 돌잡이, 백일잔치, 신혼집, 폐백, 혼담, 혼례, 혼주, 머리를 올리다, 성년의 날

문법 -더라도

02 장례와 제례

대화 어휘 고인, 맞절, 묵념, 분향, 빈소, 상, 상주, 조의금, 헌화, 요란하다

확장 어휘 기일, 따돌림, 매장, 문상, 문상객, 발인, 배신, 부고, 부조, 유족, 조문, 조문객, 조의, 화장

문법 -을뿐더러

1. 출생, 관례, 혼례

MP3 / 39

- 한국의 결혼 문화에 대해서 들어 본 적이 있습니까?
- 결혼을 하면 아이를 꼭 낳아야 한다고 생각합니까?

윤아 유키 씨, 결혼 축하해요! 요즘 결혼 준비로 한창 바쁘시겠어요.

유키 고마워요, 윤아 씨. 그런데 한국에서는 시댁에 예단을 한다고 들었거든요. 저는 혼수 장만도 벅찬데 걱정이에요.

윤아 요즘은 예단을 많이들 생략하더라고요. 결혼식도 간소하게 하고 예물도 비싸지 않은 것으로 하는 추세래요.

유키 정말요? 우진 씨하고 의논해 봐야겠네요. 아, 장손이 대를 이어야 한다는 이야기도 들은 적이 있어요.

윤아 딸을 선호하는 부모들이 많아졌다는 뉴스가 나온 게 언젠데요. 게다가 요즘은 무자녀 가족도 많고요. 우진 씨가 아무리 장손이라 하더라도 유키 씨에게 그런 부담을 주지는 않을 거예요.

유키 제가 너무 지레짐작해서 걱정을 했군요.

시댁　예물　추세　장손　대　지레짐작하다

어휘

어휘 1

한국인의 풍습		
출생	관례	혼례
· 백일잔치 · 돌잡이 · 돌잔치 · 돌상	· 머리를 올리다 · 성년의 날	· 상견례 · 예물 · 혼수 · 예단 · 신혼집 · 폐백

• 웨딩 플래너의 잡지 인터뷰입니다. (   )에 알맞은 단어를 쓰십시오.

<결혼 준비>

'웨딩 플래너'
OOO 씨에게 듣는
결혼 준비 잘하는 법

기 자　결혼 준비 중 가장 긴장되는 것이 있다면 무엇일까요?

OOO　아무래도 양가 부모님들께서 처음 만나는 자리인 (보기 상견례가)~~이/가~~ 가장 긴장이 되지요. 장소는 조용한 곳을 선택하는 것이 중요해요.

기 자　결혼을 준비하는 독자들에게 또 다른 조언 좀 부탁드립니다.

OOO　음, 요즘 새롭게 바뀌고 있는 것이 있는데요. ① (   ) 혼례에서는 남자 집안에만 하던 ② (   )을/를 요즘은 양가에 다 하거나 생략하기도 합니다. 이 과정에서 소통이 정말 중요하다고 할 수 있지요.
그뿐만 아니라 결혼 후에도 ③ (   )은/는 어디에서 할 것인지에서부터 ④ (   )은/는 어떻게 차릴 것인지, 누구를 초대할지 등 결정 전에 서로 의논을 잘해야 하는 일이 많습니다.

기 자　그래서 계속 소통을 강조하시는군요. 결혼이라는 건 행복하면서도 부담이 되는 일인 것 같습니다.

OOO　네, 결혼은 쉽지 않은 일입니다. 옛날에는 진정한 어른이 되었다는 의미로 결혼을 한 사람들만 ⑤ (   )어/아/여 줬답니다.

• 여러분 고향에는 아이가 태어날 때 하는 특별한 행사가 있습니까? 보기 와 같이 이야기하십시오.

보기

가　우리 고향에는 한국의 **백일잔치**나 **돌잔치**와 같은 행사는 없어요. 대신 아기가 태어나기 전에 하는 행사가 있는데 친구들과 모여서 맛있는 음식도 먹고 아기와 아기 부모에게 선물을 줘요.

나　우리 고향에는 한국의 돌잔치와 비슷한 것이 있어요. 아이가 태어난 지 1년이 되는 날 무거운 보자기나 떡을 등에 올리고 걷게 하지요.

어휘2

혼수
혼인
혼례
혼주
혼담

• 드라마 내용을 소개하는 글입니다. (　　)에 알맞은 단어를 쓰십시오.

집안 어른들끼리 (보기 혼담이)~~이/가~~ 오간 후 얼굴도 모르는 남자와 ❶ (　　　　)을/를 올리게 된 여자 주인공. ❷ (　　　　) 잔치 준비로 바쁜 틈을 타 몰래 신랑의 얼굴을 보러 갈 계획을 세우지만 실패하고 만다. 어쩔 수 없이 ❸ (　　　　)을/를 준비하며 하루하루를 보내다가 이렇게 살 수 없다고 생각한 여자 주인공은 혼인 잔치 당일 도망가기로 한다. 그때 남자 주인공은 신부가 혼례복을 입고 도망가는 모습을 목격하게 된다. 얼떨결에 도망가는 여자 주인공을 돕게 된 남자 주인공. 한편 신부가 도망간 것을 알게 된 ❹ (　　　　)들은 급히 다른 여자를 구하게 되는데…. 이들의 운명은 어떻게 될 것인가!

• 여러분 나라의 결혼 문화에 대해 보기 와 같이 이야기하십시오.

보기

가　우리나라에서는 특별히 혼인 신고를 하지 않고 같이 사는 커플들이 많아요. 형식은 중요하지 않다는 거죠. 집도 보통 새로 준비하지 않고 원래 살던 집에서 함께 살아요.

나　그러면 따로 혼수를 준비하지 않아도 되겠군요. 그런데 우리나라에서는 보통 결혼 적령기까지 부모님과 함께 사는 경우가 많기 때문에 결혼을 하면 신혼집을 구해야 돼요.

-더라도

동사나 형용사에 붙여 말하는 사람이 뒤에 나오는 자신의 주장을 강조하기 위해 앞의 내용을 인정하지만 제한하거나 주장과 대비되는 상황을 제시할 때 쓴다.

- 한 끼를 먹더라도 제대로 먹고 싶어요.
- 아무리 급하더라도 신호 위반은 하시면 안 되지요.
- 건강에 좋은 음식이더라도 너무 많이 먹으면 안 된다.
- 연습 때 잘했더라도 시합 때 실수할 수 있으니까 긴장을 늦추지 마세요.

가 감독님, 꼭 이렇게까지 힘든 훈련을 해야 하나요?
나 어떤 상대를 만나더라도 이길 수 있게 준비해야지.

가 야근하고 늦게 들어온 날에는 화장 지우고 자는 게 너무 귀찮아서 그냥 잘 때가 많아.
나 아무리 귀찮더라도 화장을 안 지우고 그냥 자면 어떡해!

- 환자와 의사가 대화합니다. 보기와 같이 이야기하십시오.

환자	의사
보기 치료가 고통스럽다	건강해지기 위해서는 참으셔야 합니다.
1) 건강해지는 게 느껴지지 않는다	꾸준히 치료를 받다가 보면 건강을 되찾을 겁니다.
2) 먹는 약이 너무 많아서 힘들다	약을 잘 챙겨 드셔야 합니다.
3) 통원 치료를 받고 싶다	퇴원하면 위험할 수 있으니 병원에 계셔야 합니다.
4) 내일 잠깐 외출할 수 있을까요 아버님 생신이다	병원 밖으로 나가면 안 됩니다.
5) 검사 결과가 잘 나왔다	아직은 안 됩니다.

보기

가 선생님, 치료가 너무 고통스러워요.
나 **고통스럽더라도** 건강해지기 위해서는 참으셔야 합니다.
가 솔직히 건강해지는 게 느껴지지도 않아요.

연습해 봅시다

- 결혼하는 데 무슨 문제가 있습니까? 보기 와 같이 이야기하십시오.

	상황1	상황2	조언
보기	· 간소한 결혼식 추세 · 폐백 생략 희망	· 보수적인 집안 어른들은 전통 혼례를 원함.	· 어른들의 말대로 하는 게 좋을 것 같음.
1)	· 비싼 예물과 화려한 결혼식을 원함. · 비싼 혼수에 어울리는 집을 원함.	· 남자 친구는 간소한 결혼식을 하고 싶어 하고 신혼집도 작은 집을 구하자고 함.	· 남자 친구의 입장을 좀 고려해야 할 것 같음.
2)	· 상견례를 함. · 양가 부모님들께서 벌써 돌잔치 얘기까지 하셨음.	· 혼인 신고 늦게 할 것이고 아이도 가지지 않을 것	· 의견을 말씀드려야 할 것 같음.
3)			

보기

가 요즘은 간소한 결혼식을 하는 추세인 것 같아요. 그래서 저도 작은 결혼식을 하면서 **폐백**도 생략하고 싶어요. 그렇지만 문제가 좀 있어요.

나 무슨 문제가 있는데요?

가 집안 어른들이 보수적이기도 하고 전통 **혼례**를 원하고 계세요.

나 그렇군요. 그럼 폐백도 생략하고 작은 결혼식을 **하고 싶더라도** 어른들의 말대로 하는 게 좋을 것 같아요.

2. 장례와 제례

- 장례식장에 가 본 적이 있습니까?
- 장례식장에서 조심해야 할 것으로는 무엇이 있습니까?

올리비아 대사관 한국인 직원이 상을 당했는데 저는 한국 장례식에 가 본 적도 없을뿐더러, 한국 장례식 문화를 배운 적도 없어요.

우　　진 빈소에 들어가면 먼저 상주와 인사를 하시고 헌화나 분향을 하세요. 그 다음에는 고인을 생각하면서 묵념이나 절을 해야 하고요.

올리비아 헌화와 분향이 뭐예요?

우　　진 꽃을 놓고 향을 피우는 거예요. 참, 빈소에서 나오기 전에 상주와 맞절 또는 인사를 해야 해요. 가끔 위로의 말을 건네는 경우도 있지만 일반적으로 아무 말도 하지 않아요.

올리비아 또 조심해야 하는 것이 있나요?

우　　진 미리 조의금을 준비해 가세요. 옷은 검정색 정장을 입고 요란한 액세서리는 하지 않는 것이 좋아요. 그리고 빈소에 들어갈 때 신발을 벗고 들어가는 것 잊지 마세요.

올리비아 신발을 벗고 들어가는 거라면 양말도 꼭 신고 가야겠어요.

상　빈소　헌화　분향　고인　묵념　상주　맞절　조의금　요란하다

어휘1

< 한국인의 풍습 >

장례	상주 유족	상을 당하다	빈소를 차리다/마련하다	조문객을 맞이하다	발인	매장/화장
	조문객 문상객	부고를 듣다/받다	빈소를 찾다 문상을 가다	부조를 하다 조의금을 내다	고인의 명복을 빌다	조의를 표하다
제례	기일	제사를 지내다	절을 하다/올리다	고인을 추모하다		

• (　　)에 알맞은 단어를 쓰십시오.

가 박 부장님 (보기 상)당하신 것 알지? 어제 ① (　　　　　　)에 갔는데 부장님이 ② (　　　　　　)이라서/라서 정신이 없으신 것 같았어. 우진 씨는 언제 갈 거야?

나 저는 오늘 ③ (　　　　　　)으러/러 가려고요. 그런데 선배님, ④ (　　　　　　)은/는 얼마나 해야 할까요?

가 그건 우진 씨 팀에서 얘기해 보는 게 좋을 것 같아.

나 그렇군요. 어제 돌아가셨으니까 ⑤ (　　　　　　)은/는 내일이죠?

가 응. ⑥ (　　　　　　)해서 납골당에 모신대요. 요즘은 ⑦ (　　　　　　)은/는 안 하는 추세인 것 같아. 그나저나 오늘 거기에 늦게까지 있을 거야?

나 아니요. 할아버지 ⑧ (　　　　　　)이라서/라서 오늘 밤에 ⑨ (　　　　　　)을/를 지내야 돼요.

• 여러분 고향의 장례 문화는 어떻습니까? 보기 와 같이 이야기하십시오.

보기

가 우리나라는 **고인**이 마지막 길을 기쁘게 갈 수 있도록 축제처럼 흥겨운 춤을 춰요.

나 우리나라와는 정말 다르군요. 우리는 오히려 **조문객**들과 가족들이 더 슬프게 울 수 있도록 **빈소**에 마이크를 잡고 큰 소리로 울어 주는 사람도 있어요.

어휘2

당하다: 무시 / 불이익 / 따돌림 / 배신 / 상 / 사고

- 신문 기사입니다. (   )에 알맞은 단어를 쓰십시오.

XX일보 2020.12.16.

불의를 보고 참지 못하면 배신자?

지난 10월 OO그룹의 사장 아들 때문에 (보기 사고를 당한)~~는/은/ㄴ~~ 노동자의 이야기를 언론에 알린 A씨. 뉴스가 보도된 이후 A씨는 입사 동기들 중 혼자만 승진을 하지 못하는 등 회사로부터 ① (   )었다고/았다고/였다고 주장한다. 회의 때는 상사에게 ② (   )기 일쑤이고 동료들에게는 ③ (   )는다고/ㄴ다고 한다. 자기들도 A씨에게서 ④ (   )을까/ㄹ까 봐 A씨를 멀리한다는 것이다. 얼마 전에는 모친 ⑤ (   )었는데/았는데/였는데 같은 회사 사람들이 거의 오지 않았다고 한다. 하루하루 스트레스 속에 살아가는 A씨는 역시 가진 자를 건드리면 안 되는 것이었다면서 후회하고 있다. 한국 사회 이대로 괜찮은 것인가.

- 어려움을 극복한 이야기를 알고 있습니까? 보기 와 같이 이야기하십시오.

보기

가 제 친구는 어릴 때 **사고를 당하는** 바람에 소리를 듣지 못하게 되었어요.
나 어려움이 많았겠어요.
가 네, 학교에서 **따돌림도 당했고 무시도 당했지요.** 그렇지만 상대방이 말할 때 입 모양을 읽고 대화하는 연습을 했고 적극적으로 함께 어울리면서 친구들의 편견을 없앴어요.
나 정말 대단하군요.

-을뿐더러/ㄹ뿐더러

동사나 형용사에 붙어서 앞의 내용은 말할 것도 없고 뒤의 내용까지도 그러하다는 뜻을 나타낸다.

- 제임스는 약속을 잘 안 지킬뿐더러 거짓말도 많이 한다.
- 토마토는 칼로리가 낮을뿐더러 비타민도 풍부해서 다이어트에 좋아요
- 청년 실업 문제는 경제적인 문제일뿐더러 사회적인 문제이기도 하다
- 내 동생은 어릴 때부터 운동을 잘했을뿐더러 공부까지 잘했다.

가 어제 백화점에서 같이 있던 남자 누구야? 남자 친구야?
나 무슨 말이야? 나는 남자 친구도 없을뿐더러 어제 백화점에도 안 갔는데.

가 채소를 몇 분이나 삶아야 할까?
나 너무 오래 삶으면 맛이 떨어질뿐더러 영양소도 다 파괴되니까 살짝 데쳐.

- 선배와 후배가 대화합니다. 보기 와 같이 이야기하십시오.

고민	대답	
	추천하는 것	이유
보기 한국어를 잘하고 싶어요.	한국 드라마 시청	· 여러 상황을 간접적으로 접할 수 있다 · 자연스러운 표현도 배울 수 있다
1) 시험 성적이 나빠요.	예습·복습	· 이해가 더 쉽다 · 배운 것을 오래 기억할 수 있다
2) 표현을 정확하게 쓰고 있는지 모르겠어요.	배운 표현으로 작문	· 선생님께 제출하면 틀린 문장을 고쳐 주다 · 더 좋은 표현도 알려 주다
3) 자주 지각해요.	자기 전 게임 금지	· 자기 전에 게임을 하면 잠을 깊게 못 자다 · 아침에 일어나기도 힘들다
4) 새로운 일을 해 보고 싶어요.	춤 배우기	· 내가 해 봤는데 기분 전환이 되다 · 한국 친구도 사귈 수 있다
5) 보람이 있는 일을 하고 싶어요.	구청의 문화 소개 프로그램	· 고향 문화를 소개할 수 있는 기회이다 · 한국말 연습도 할 수 있다

보기

후배 선배님, 한국어를 좀 잘하고 싶은데 방법이 없을까요?
선배 한국 드라마를 봐. 여러 상황을 간접적으로 접할 수 **있을뿐더러** 자연스러운 표현도 배울 수 있거든.
후배 그렇군요. 그런데….

연습해 봅시다

● 보기 와 같이 이야기하십시오.

보기 부고를 들음.	빈소로 가는 길에 사고를 당함.	조문 못 함. 수술함.
1) 할머니 상을 당함.	처음에는 화장을 하자는 아버지의 의견이 무시를 당함.	매장은 돈도 많이 듦. 관리도 힘듦.
2) 초등학교 때 담임 선생님이 돌아가심.	따돌림을 당했었는데 선생님께서 많이 챙겨 주심.	그분은 훌륭한 선생님 부모와도 같은 분
3)		

보기

가 작년에 있었던 일을 생각하면 지금도 힘들어요.
나 무슨 일이 있었는데요?
가 아는 분의 **부고**를 듣고 급히 빈소로 가는 길에 고속도로에서 **사고를 당했었어요**.
그래서 조문은 당연히 못 **했을뿐더러** 수술까지 하게 됐지요.
나 저런, 그런 일이 있었군요. 정말 속상했겠어요.

복습

1 알맞은 단어를 골라서 (   )에 쓰십시오.

장손　　시댁　　대　　지레짐작하다　　추세

우리 아버지와 저는 둘 다 큰아들입니다. 그래서 어릴 때부터 ① (   )이라고/라고 집안 어른들께 사랑을 많이 받았습니다. 그렇지만 결혼할 나이가 되니까 여성분들이 저를 별로 만나고 싶어 하지 않습니다. 저와 결혼하면 ② (   )을/를 이어야 한다는 스트레스를 받게 될 것 같대요. 요즘 같은 시대에 며느리에게 그런 부담을 주는 ③ (   )이/가 어디 있습니까? 저희 부모님 세대에서도 아이를 꼭 낳지 않아도 된다고 여기는 ④ (   )인데 말이에요. 다들 마음대로 ⑤ (   )고는 저를 만나려고 하지 않아서 정말 속상합니다.

고인　　헌화　　묵념　　상주　　빈소

전통적인 한국의 조문 문화는 ⑥ (   )에 들어가 ⑦ (   )의 사진 앞에서 분향을 하고 절을 올리는 것입니다. 그런데 서양의 문화가 들어오면서 절을 하는 대신에 ⑧ (   )을/를 하거나 ⑨ (   )을/를 하는 사람들이 많아졌습니다. 그리고 빈소를 지키고 있는 ⑩ (   )들과 가볍게 인사만 하는 모습을 종종 볼 수 있습니다.

2 다음 문법을 사용하여 이야기를 완성하십시오.

-더라도　　-을뿐더러

친구1　담배를 끊는 건 정말 어려운 것 같아. 담배를 피우지 않으니까 막 ① ________________ (손이 떨리다) 일할 때 집중도 안 돼. 그냥 다시 피울까 봐.

친구2　참기 ② ________________ (힘들다) 조금 더 참아 봐. 이 시기를 잘 넘겨야 돼.

부록

연습 문제
모범 답안(교재)
연습 문제 답안
색인(어휘·문법)

11과 <1> 적성과 직업

어휘

1. 알맞은 단어를 골라서 (　　) 안에 쓰십시오.

외향적　실제적　파악하다　두루　덜렁대다
둔하다　사교적　직업관　교육관　결혼관

1) 동생은 (　　　　　　)이고 활달한 성격이지만 형은 내성적인 성격이다.
2) 나는 이번 방학에 유럽의 여러 나라를 (　　　　　　) 여행할 계획이다.
3) 이 책을 다 읽었지만 작가의 의도는 제대로 (　　　　　　)지 못하겠어요.
4) 원칙만 이야기하지 마시고 (　　　　　　)인 해결 방법을 말씀해 주십시오.
5) 이건 중요한 서류니까 (　　　　　　)다가 실수하지 말고 꼼꼼하게 잘 처리하세요.
6) 김 대리는 성격이 (　　　　　　)이어서/여서 고객을 끄는 영업직에 적합하다고 봅니다.
7) 저는 직업이 자신의 꿈을 이루는 수단이 되어야 한다는 (　　　　　　)을/를 가지고 있습니다.
8) 방 친구가 좀 (　　　　　　)아서/어서/여서 내 머리 스타일이 바뀐 걸 눈치채지 못한 것 같아.
9) 교수의 강의를 학생들이 평가하는 것은 한국의 전통적인 (　　　　　　)에서는 쉽게 받아들여지지 않았다.
10) 이번 조사에서 대부분의 남성들은 결혼이 편안하고 안정된 삶의 기초가 된다는 (　　　　　　)을/를 가지고 있음을 알 수 있었다.

문법 -었으면/았으면/였으면 하다

1. 보기 와 같이 쓰십시오.

보기 이번 방학에는 제주도에 놀러 가고 싶어요.
→ 이번 방학에는 제주도에 놀러 갔으면 해요.

1) 새로 입사한 회사 생활에 빨리 적응하고 싶다.
→ ______________________________.
2) 이번 겨울은 많이 춥지 않았으면 좋겠어요.
→ ______________________________.
3) 할머니께서 오래오래 건강하게 사시기를 바랍니다.
→ ______________________________.
4) 내년에는 바라는 모든 일들이 이루어지시기를 바랍니다.
→ ______________________________.
5) 난 내가 좀 더 긍정적인 사람이었으면 좋겠다고 생각한다.
→ ______________________________.

2. 보기 와 같이 대화를 완성하십시오.

보기 **가:** 여름 방학에 특별한 계획이 있나요?
나: 아직 특별한 계획은 없지만 한국에서 다양한 경험을 했으면 해요.

1) **가:** 아르바이트를 찾고 있다면서요? 공부 때문에 바쁠 텐데 시간이 되세요?
나: 오전에는 수업이 있으니까 가능하면 ________________.

2) **가:** 만약 우리 회사에 취직이 된다면 어떤 부서에서 일을 하고 싶으십니까?
나: 저는 영어에 자신이 있기 때문에 ________________.

3) **가:** 감독님, 다음에는 어떤 영화를 제작하실 계획이십니까?
나: 아직 구체적인 계획은 없지만 ________________.

4) **가:** 아이가 어떤 아이로 자라기를 원하십니까?
나: ________________.

5) **가:** 어떤 집을 원하세요?
나: ________________.

<2> 구인과 구직

어휘

1. 알맞은 단어를 골라서 (　　) 안에 쓰십시오.

모집	작성하다	근로	의욕적	취업률
채용	구직난	정규직	계약직	직종

1) 전문직은 다른 (　　　　　　)에 비해서 평균적으로 소득이 높다.
2) 올해는 건설업계 인력 (　　　　　　)이/가 늘어날 것으로 보입니다.
3) 요즘 사람들은 취업할 때 (　　　　　　) 환경이 좋은 회사인지를 꼭 따져 본다.
4) 명문 대학을 졸업한 사람들도 취직을 하지 못하는 (　　　　　　)을/를 겪고 있다.
5) 우리 광고 동아리에서는 창의적이고 활기찬 신입 회원을 (　　　　　　)하고 있습니다.
6) 그동안 정부가 (　　　　　　)으로/로 추진해 온 부동산 정책이 성과를 보이고 있다.
7) 요리 수업을 원하는 학생들은 다음 주까지 신청서를 (　　　　　　)어/아/여 주십시오.
8) 어려운 경제 상황 때문에 특히 20~30대의 (　　　　　　)이/가 낮은 것으로 나타났습니다.
9) 요즘 같은 취업난에서는 (　　　　　　)은/는 꿈도 못 꾸겠고 임시직으로라도 취업만 되면 좋겠어요.
10) 기업에서 정규직이 줄고 (　　　　　　)이/가 늘면서 고용의 불안정이 심각해지고 있다.

문법

-는/은/ㄴ 이상

1. 다음을 연결하고 보기 와 같이 쓰십시오.

보기	서로 생각이 다르다.	•	• 끝을 내야 합니다.
1)	내가 팀장이다.	•	• 무조건 사과하지는 않을 것입니다.
2)	경기에 참가했다.	•	• 우승하기 위해 최선을 다하겠습니다.
3)	제품에 문제가 없다.	•	• 함께 일을 하기가 어려울 것 같습니다.
4)	프로젝트를 시작했다.	•	• 우리 팀의 모든 일은 제가 책임지겠습니다.
5)	내가 옳다고 판단한다.	•	• 우리 회사가 손해 배상을 할 필요가 없습니다.

보기 서로 생각이 다른 이상 함께 일을 하기가 어려울 것 같습니다.

1) ______________________________.
2) ______________________________.
3) ______________________________.
4) ______________________________.
5) ______________________________.

2. 알맞은 것을 골라서 보기 와 같이 대화를 완성하십시오.

계약서에 서명하다	스웨터를 착용하다
힘들게 입학하다	외국에서 생활하게 되다
실수를 저지르다	병원에 입원할 정도로 아프다

보기 **가:** 혹시 지금이라도 계약 조건을 바꿀 수는 없는 겁니까?
나: 네, 계약서에 서명한 이상 계약 조건은 바꿀 수 없습니다.

1) **가:** 몸이 좀 안 좋은데 출근을 해야 할까?
나: ________________________ 출근은 해야지.

2) **가:** 해외 지사로 파견 나가게 됐는데 그 나라 말을 미리 배워야 할까?
나: ________________________ 배우고 가는 게 좋지.

3) **가:** 이번 일은 정말 죄송합니다. 다음부터는 이런 일이 없도록 하겠습니다.
나: 일단 ________________________ 책임을 지셔야 합니다.

4) **가:** 이 스웨터를 딱 한 번 입었는데 환불해 주실 수 있습니까?
나: 죄송합니다, 손님. ________________________.

5) **가:** 대학원 과정이 너무 힘들어서 포기할까 생각 중이에요.
나: ________________________.

12과 <1> 시장의 변화

어휘

1. 알맞은 단어를 골라서 (　　) 안에 쓰십시오.

띄다	채널	대행	물품	체결되다
단축	생활화	자유 무역	급등	급락

1) 오늘은 너무 추워서 초등학교가 (　　　　　　) 수업을 했다.
2) 요즘은 해외 구매 (　　　　　　) 서비스를 통해 훨씬 싼 가격에 물건을 살 수 있다.
3) 부동산 가격의 (　　　　　　)과/와 관련해 정부에서는 새로운 정책을 발표할 예정이다.
4) 요즘 연예인들은 SNS나 개인 방송 등 다양한 (　　　　　　)을/를 통해 팬들과 소통한다.
5) 여러 국가들과의 FTA가 (　　　　　　)어/아/여 앞으로 수출 산업이 더욱 발전할 전망이다.
6) 완전한 (　　　　　　)이/가 시작되어 시장이 개방되면 관련 국내 산업이 무너질 위험이 있다.
7) 짧은 기간에 눈에 (　　　　　　)는/은/ㄴ 체중 감량 효과를 보기 위해서는 식단을 조절해야 합니다.
8) 카운터에 맡기지 않은 개인 (　　　　　　)을/를 분실하셨을 경우에는 저희 찜질방에서 책임지지 않습니다.
9) 불법을 저지른 연예인의 인기가 (　　　　　　)하면서 그 연예인이 하던 사업들도 모두 망하고 있다는 소식이다.
10) 이제는 스마트폰으로 장을 보는 것이 (　　　　　　)되었기 때문에 점점 더 마트에 가는 사람들이 줄어들 것이다.

문법 을 통해

1. 다음을 연결하고 보기 와 같이 쓰십시오.

보기	친구	●	● 실시간으로 정보를 검색할 수 있다.
1)	텔레비전 프로그램	●	● 치료한 결과 오랫동안 낫지 않았던 아토피가 나았다.
2)	인터넷	●	● 그동안 책으로만 공부했던 것을 직접 익힐 수 있게 되었다.
3)	실습	●	● 쭉 들어오시면 왼쪽에 도서관이 있습니다.
4)	정문	●	● 소개된 여행지에 관광객들이 끊이지 않고 있다.
5)	다양한 방법	●	● 듣게 된 유키의 결혼 소식에 놀라지 않을 수 없었다.

보기 친구를 통해 듣게 된 유키의 결혼 소식에 놀라지 않을 수 없었다.

1) ______________________________.
2) ______________________________.
3) ______________________________.
4) ______________________________.
5) ______________________________.

2. 알맞은 것을 골라서 보기 와 같이 대화를 완성하십시오.

진지한 대화　엄청난 노력　영화 '경복궁'
다양한 경험　꾸준한 운동　TV 화면

보기 **가:** 문학을 전공하지도 않으셨는데 어떻게 이렇게 좋은 시를 쓸 수 있으세요?
나: 다양한 경험을 통해 느낀 것들을 그저 솔직하게 썼을 뿐입니다.

1) 가: 요즘 룸메이트랑 별것 아닌 일로 자꾸 싸우게 돼요.
나: ______________________ 서로의 마음을 이해할 필요가 있는 것 같아요.

2) 가: 일주일 만에 10kg을 뺄 수 있는 방법이 있대요.
나: ______________________ 천천히 몸무게를 감량하는 것이 건강에 좋아요.

3) 가: 요즘은 ______________________ 스마트폰 화면을 크게 볼 수 있어.
나: 그래? 그럼 우리 이 영상을 TV에 연결해서 보자.

4) 가: 저 선수는 어떻게 스케이트를 저렇게 잘 타는 걸까?
나: ______________________.

5) 가: 저 배우는 연기를 시작한 지 얼마 안 됐는데 벌써 주인공 역할을 하네?
나: ______________________.

<2> 소비자 피해와 보상

어휘

1. 알맞은 단어를 골라서 (　　) 안에 쓰십시오.

추락하다　은폐하다　대외적　문책　하자
무상　사과문　파손　리콜　상해

1) 배송 중에 (　　　　　　)이/가 된 물건의 경우 100% 저희가 보상해 드립니다.
2) 구청에서는 구민들이 구청의 복지 시설을 모두 (　　　　　　)으로/로 이용할 수 있도록 하였다.
3) 동네에 큰 산불이 났을 때 자리를 지키지 않았던 구청장이 결국 (　　　　　　)을/를 피하지 못하게 되었다.
4) 우리 공장에서는 (　　　　　　)이/가 있는 물건이 나오지 않도록 최선을 다해 주시기 바랍니다.
5) 올해 자동차 (　　　　　　) 수가 전년 대비 17%가 늘어 소비자들의 불안이 더 커지고 있습니다.
6) 고대 국가인 고조선에서는 남에게 (　　　　　　)을/를 입힌 자는 곡식으로 배상하라는 법이 있었다.
7) 비행기가 (　　　　　　)었으나/았으나/였으나 다행히 강 위였기 때문에 승객들 모두가 무사하다고 합니다.
8) 연예인 김 모 씨가 음주 운전을 한 사실을 (　　　　　　)으려고/려고 거짓말을 했지만 결국 모든 사실이 밝혀졌다.
9) 쓰레기 분리수거를 제대로 하지 않아 주민들에게 피해를 줬던 101호 아주머니가 엘리베이터에 (　　　　　　)을/를 붙였다.
10) 친구의 권유로 내가 그린 그림을 서울국제전시행사에 전시한 것이 화가로서 전 세계에 (　　　　　　)으로/로 알려지는 계기가 되었어요.

문법　-게 생기다

1. 보기 와 같이 쓰십시오.

보기 일주일 동안 잠도 안 자고 일만 하고 있다 / 저러다가 쓰러질 것 같다
→ 일주일 동안 잠도 안 자고 일만 하고 있는데 저러다가 쓰러지게 생겼다.

1) 서로 자기 생각만 말하면서 말소리가 커지다 / 또 싸우다
→ ______________________________.

2) 갑자기 하늘이 흐려지다 / 곧 비가 쏟아지다
→ ______________________________.

3) 음식을 깜빡하고 냉장고에 안 넣었다 / 다 상하다
→ ______________________________.

4) 신입 사원이 첫날부터 지각을 하다 / 앞으로 회사 생활이 힘들어질 것 같다
→ ______________________________.

5) 동생이 계속 게임만 하다 / 엄마가 화를 내다
→ ______________________________.

2. 보기 **와 같이 대화를 완성하십시오.**

> 보기 **가:** 수업에 자주 빠져서 내용을 하나도 모르겠어.
> **나:** 휴, 이번에도 유급하게 생겼네.

1) 가: 아무래도 음식이 너무 매운가 봐. 다들 잘 못 먹고 있는 것 같아.

나: 음식을 많이 준비했는데 음식이 ______________________________.

2) 가: 오늘이 발표인데 어젯밤에 준비를 시작했어. ______________________________.

나: 그러니까 미리 준비를 잘했어야지.

3) 가: 김 과장님은 오늘도 야근을 하시나 봐요. 벌써 일주일째예요.

나: 그러게요 이러다가 ______________________________.

4) 가: 친구하고 한 약속을 또 어기고 말았어.

나: ______________________________.

5) 가: 경기를 시작한 지 10분도 안 됐는데 벌써 두 골이나 먹다니.

나: ______________________________.

어휘

1. 알맞은 단어를 골라서 (　　) 안에 쓰십시오.

복장	수수하다	각양각색	선보이다	돋보이다
주도하다	앞서가다	무난하다	천편일률	형형색색

1) 경찰이 (　　　　　　)던 도둑을 잡지 못하고 결국 놓쳤다.
2) 요즘은 개성 시대라서 사람들의 패션이 (　　　　　　)이다/다.
3) 최근 서비스 요금 인상이 물가 상승을 (　　　　　　)고 있습니다.
4) 어머니는 늘 (　　　　　　)고 꾸밈이 없는 옷차림을 하고 계셨다.
5) 축제 기간 동안 (　　　　　　)의 불꽃이 밤하늘을 아름답게 밝혔다.
6) 존은 워낙 성격이 (　　　　　　)는/은/ㄴ 사람이라서 웬만한 일에는 화를 내지 않아.
7) 이번 행사는 전 세계에 우리 회사 제품을 (　　　　　　)을/ㄹ 수 있는 좋은 기회입니다.
8) 결혼식이나 장례식에 갈 때는 예의에 어긋나지 않게 (　　　　　　)에 신경을 쓰는 것이 좋다.
9) 어제 본 영화는 의상이 정말 좋았어. 의상이 배우들의 캐릭터와 연기를 (　　　　　　)게 하더라.
10) 예전에는 TV 드라마들이 (　　　　　　)적으로 사랑 이야기만 했지만 요즘은 다양한 소재를 다룬다.

문법　-자니

1. 보기 와 같이 쓰십시오.

보기 사교육을 시키다 / 안 시키다
→ 사교육을 시키자니 아이에게 스트레스를 주는 것 같고 안 시키자니 성적이 떨어질 것 같고 해서 고민이에요.

1) 버리다 / 계속 쓰다
→ ______________________________.

2) 대학원에 진학하다 / 취직하다
→ ______________________________.

3) 결혼을 하다 / 독신으로 살다
→ ______________________________.

4) 에스엔에스(SNS)를 공개로 하다 / 비공개로 하다
→ ______________________________.

5) 유전자 조작 기술을 발전시키다 / 포기하다
→ ______________________________.

2. 보기 와 같이 대화를 완성하십시오.

> 보기 **가:** 이번 휴가에 뭘 하실 계획이세요?
> **나:** 피서를 갔다 오자니 힘들 것 같고 집에만 있자니 시간이 아까울 것 같고 해서 어떻게 해야 할지 생각 중입니다.

1) 가: 점심에 간단하게 분식을 먹을까? 제대로 된 식사를 할까?

나: 분식을 먹자니 나중에 배가 고플 것 같고 ______________________________.

2) 가: 원룸으로 이사할 거예요? 아니면 하숙집으로 이사할 거예요?

나: 원룸으로 이사하자니 ______________________________ 고민이에요.

3) 가: 오늘 저녁 반모임에 참석하실 건가요?

나: ______________________________ 생각 중이에요.

4) 가: 지금 다니는 직장이 적성에 안 맞는다면서 왜 그만두지 않아요?

나: ______________________________.

5) 가: 새로 산 소파에 작은 얼룩이 있다고 하셨지요? 피해 보상을 신청하셨어요?

나: ______________________________.

13과 <2> 세계 속의 한류

어휘

1. 알맞은 단어를 골라서 (　　) 안에 쓰십시오.

> 한결같다　　열풍　　친근하다　　열렬하다
> 주목　　붐　　일다　　열광　　열중　　열애

1) 두 사람은 오랜 (　　　　　　) 끝에 결혼했다.
2) 최근 대중 가요계에 힙합 (　　　　　　)이/가 불고 있다.
3) 미안, 독서에 (　　　　　　)하느라고 네가 한 말을 못 들었어.
4) 은행 업무 시간 단축에 대해서 찬반 논란이 (　　　　　　)고 있다.
5) 할머니께서 해 주시는 음식은 예전이나 지금이나 맛이 늘 (　　　　　　).
6) 어제 콘서트장에서 (　　　　　　)한 관객들이 일어나서 함께 춤을 췄어.
7) 자원봉사 행사에 참여한 연예인들이 언론의 (　　　　　　)을/를 받았다.
8) 그 커피숍의 이름은 우리에게 (　　　　　　)은/ㄴ 노래 제목에서 따온 거예요.
9) 여러분의 (　　　　　　)는/은/ㄴ 응원 덕분에 우리 팀이 우승을 할 수 있었습니다.
10) 영어 조기 교육 (　　　　　　)을/를 타고 많은 출판사들이 유아용 영어책을 출판하고 있다.

문법 -을걸/ㄹ걸

1. 다음 사람이 할 수 있는 말을 보기 와 같이 쓰십시오.

> 보기 시험 공부를 안 해서 시험을 망친 학생
> → 시험 공부를 열심히 할걸.

1) 푹 자지 않아서 수업 시간에 존 학생
→ ______________________________.

2) 헤어진 남자 친구가 사회적으로 성공했다는 이야기를 들은 사람
→ ______________________________.

3) 부주의로 교통사고를 낸 운전자
→ ______________________________.

4) 유행에 뒤처진 패션 때문에 친구들에게 놀림을 받은 사람
→ ______________________________.

5) 무심코 한 거짓말 때문에 회사에서 신뢰도가 추락한 회사원
→ ______________________________.

2. 보기 와 같이 대화를 완성하십시오.

보기 가: 어제 명동백화점에서 큰 세일 행사를 했어.
나: 그래? 그럴 줄 알았으면 나도 명동백화점에서 쇼핑할걸.

1) 가: 왜 이제 와? 좀 전에 네가 좋아하는 배우가 이 앞을 지나갔어.
나: 정말? 좀 일찍 ______________________.

2) 가: 학생증을 제시하면 할인해 주는데 학생증을 가져 왔니?
나: 아니. 이럴 줄 알았으면 ______________________.

3) 가: 취직하고 나니까 여유 시간이 없지?
나: 맞아. 학생 때 ______________________.

4) 가: 머리를 잘랐구나. 넌 긴 머리가 더 잘 어울리는데 왜 잘랐어?
나: ______________________.

5) 가: 그동안 운동을 통 안 하셔서 체력과 면역력이 많이 떨어지셨습니다.
나: ______________________.

<1> 한국 영화의 현주소

어휘

1. 알맞은 단어를 골라서 (　　) 안에 쓰십시오.

흥행　개봉　동원　대박　저예산 영화　시사회
영화제　시작이 반이다　식은 죽 먹기　공든 탑이 무너지겠어요?

1) 추석을 앞두고 많은 한국 영화들이 곧 (　　　　　　)될 예정입니다.
2) 이 뮤지컬은 500만 명의 관객을 (　　　　　　)하면서 흥행에 성공하였다.
3) 그 감독의 이번 영화는 작품성을 인정받기는 했지만 (　　　　　　)에는 실패했다.
4) 모든 정성과 노력을 다해 이번 대회를 준비했는데 설마 (　　　　　　)?
5) 이 수학 문제를 푸는 건 (　　　　　　)이에요/예요. 초등학생도 풀 수 있어요.
6) 아직 개봉 전인 영화 '패밀리'의 첫 (　　　　　　)이/가 25일 서울 종로구에서 열린다.
7) 그 배우는 얼마 전에 출연한 영화로 국제 (　　　　　　)에서 상을 받으면서 스타가 되었다.
8) 어느 주부의 아이디어로 만든 전자 제품이 (　　　　　　)이/가 나서 요즘 그 물건을 구하기가 어렵다.
9) (　　　　　　)이라고/라고 러시아어 공부를 시작했으니까 언젠가는 러시아 사람과 이야기를 할 수 있을 거예요.
10) 요즘 한국 영화 산업을 보면 상업 영화의 인기는 떨어지고 낮은 비용을 들인 (　　　　　　)이/가 인기를 얻고 있다.

문법

-고도

1. 보기 와 같이 쓰십시오.

친구에게 줄 선물을 사놓다	나를 보다
부모님께 혼이 나다	큰 실수를 하다
밥을 많이 먹다	내가 부르는 소리를 듣다

보기 친구에게 줄 선물을 사놓고도 아직까지 주지 않았어요.

1) ______________________ 뒤돌아보지 않았다.
2) ______________________ 못 본 척했다.
3) ______________________ 안 먹은 척했어요.
4) ______________________ 정신을 못 차린다.
5) ______________________ 사과하지 않았다.

2. 보기 와 같이 대화를 완성하십시오.

> 보기 **가:** 존슨 씨가 피곤해 보여요. 잠을 못 잤어요?
> **나:** 아니요. 하루 종일 자고도 피곤하다고 해요.

1) **가:** 아이를 왜 그렇게 혼내요?

나: ______________________ 반성을 하지 않잖아요.

2) **가:** 히말라야를 직접 눈으로 보고 온 소감이 어때요?

나: ______________________ 믿을 수가 없었어요.

3) **가:** 리에 씨는 정말 입이 무거운 사람이에요.

나: 맞아요. ______________________ 아무에게도 말하지 않아요.

4) **가:** 왜 그렇게 화가 났어요?

나: ______________________.

5) **가:** 존슨 씨를 왜 그렇게 싫어해요?

나: ______________________.

14과 <2> 대중 매체의 변화

어휘

1. 알맞은 단어를 골라서 (   ) 안에 쓰십시오.

인쇄 매체   쌍방향   불분명하다   아시다시피   협력
공정하다   신속하다   수용자   각계각층   보시다시피

1) 이번 선거는 반드시 (   )게 치러져야 한다.
2) 119 구조대원들이 화재 현장에서 (   )게 대처했다.
3) 대통령 취임식에 (   )의 유명 인사들이 모두 참석했다.
4) 양국의 관계가 좋아지면서 양국 간의 경제 (   )도 좋아질 것이다.
5) 신문과 같은 (   )이/가 사라지고 전자 매체가 급속히 퍼지고 있다.
6) 태도가 (   )으면/면 다른 사람들이 네 의도를 몰라서 오해를 할 수 있어.
7) 광고를 잘 만들어도 (   )인 소비자가 받아들이지 않으면 아무 소용이 없다.
8) 소통은 일방향으로 이루어지는 것이 아니라 (   )으로/로 이루어지는 것이다.
9) 여러분들도 (   ) 한국은 저출산 고령화 사회로 접어들면서 경제 활동 인구수가 감소하고 있습니다.
10) 이 화면의 영상을 (   ) 길거리 양쪽에 차들이 주차돼 있어 지나다니는 사람들이 무척 불편해 하고 있습니다.

문법 으로/로 보다

1. 보기 와 같이 문장을 바꾸십시오.

보기 사람들이 여기저기에서 웃다 / 영화가 재미있긴 재미있나 봐요.
→ 사람들이 여기저기에서 웃는 것으로 보아 영화가 재미있긴 재미있나 봐요.

1) 건강 검진 결과 / 건강에 큰 문제가 없어요.
→ ______________________________.
2) 그 공연 표가 벌써 매진되다 / 정말 인기가 많은가 봐요.
→ ______________________________.
3) 팀의 분위기 / 협력이 아주 잘되는 것 같다.
→ ______________________________.
4) 그 사람이 울면서 말하다 / 진심인 것 같아요.
→ ______________________________.
5) 응시생들의 표정이 안 좋다 / 시험이 어려운 모양입니다.
→ ______________________________.

2. 보기 와 같이 대화를 완성하십시오.

보기 **가**: 날씨가 꽤 춥군요.
나: 물이 언 것으로 보아 기온이 영하로 떨어진 것 같아요.

1) **가**: 오늘 점심으로 뭘 먹을까요? 저 식당이 어때요?

나: 사람들이 ______________________ 맛집인 것 같아요.

2) **가**: 요즘 경기가 좀 좋아지는 것 같지 않아요?

나: ______________________ 경기가 더 나빠지는 것 같은데요.

3) **가**: 국제 사회 분위기가 좋지 않은데 이번에도 양국이 협력을 할까요?

나: ______________________ 이번에도 서로 돕지 않겠어요?

4) **가**: 제인 씨가 이번에 시험을 잘 봤대요?

나: ______________________.

5) **가**: 김 대리가 이번 일을 잘 진행시킬 수 있을까요?

나: ______________________.

15과 <1> 봉사하는 삶

어휘

1. 알맞은 단어를 골라서 (　　) 안에 쓰십시오.

별것	위안	보람	뿌듯하다	기증
기부	모교	결단력	창의력	추진력

1) (　　　　　　) 아닌 일에 너무 신경 쓰지 마세요.
2) 힘들고 지칠 때 음악을 들으면 큰 (　　　　　　)이/가 된다.
3) 나는 대학을 졸업한 후에 (　　　　　　)에서 교사 생활을 시작했다.
4) 소방관인 형은 항상 자신의 일에 (　　　　　　)을/를 느끼며 일한다고 말한다.
5) 나는 (　　　　　　)이/가 부족해서 빨리 결정하지 못하고 망설이는 경우가 많다.
6) 웹툰에서 가장 중요한 것은 (　　　　　　)을/를 바탕으로 하는 내용과 그림 실력이다.
7) 교수님은 퇴직을 하시면서 연구실에 있는 책을 모두 도서관에 (　　　　　　)하기로 하셨다.
8) 우리 학교에서는 매년 12월에 선생님과 학생들이 돈을 모아서 자원봉사 단체에 (　　　　　　)한다.
9) 열심히 일해서 돈을 모으고 있는데 통장에 들어 있는 돈을 볼 때마다 가슴이 (　　　　　　)는다/ㄴ다/다.
10) 김 부장은 일을 진행시키는 (　　　　　　)이/가 있지만 직원들과의 소통이 부족하다는 단점을 가지고 있다.

문법 -어/아/여 주십사 하고

1. 보기 와 같이 쓰십시오.

> 보기 저희 회사에 투자하다 / 찾아왔습니다.
> → 저희 회사에 투자해 주십사 하고 찾아왔습니다.

1) 제 이야기 좀 듣다 / 연락드렸습니다.

→ ______________________________.

2) 제 결혼식에 꼭 오다 / 청첩장을 드리는 겁니다.

→ ______________________________.

3) 오늘 보낸 메일을 꼭 확인하다 / 전화드렸습니다.

→ ______________________________.

4) 시간이 괜찮으시면 조금만 더 기다리다 / 부탁드립니다.

→ ______________________________.

5) 새로 연 커피숍인데 앞으로 자주 들르다 / 할인을 해 드리고 있습니다.

→ ______________________________.

2. 알맞은 것을 골라서 보기 와 같이 대화를 완성하십시오.

가입하다	저희 봉사 단체를 후원하다
다시 한 번 생각하다	저희 회사 제품을 애용하다
시간이 있으면 보러 오다	주민 여러분들께서 버스 정류장 이전 계획에 협조하다

보기 **가**: 오늘 설명회는 무슨 일로 열린 거예요?
나: 주민 여러분들께서 버스 정류장 이전 계획에 협조해 주십사 하고 설명을 드리는 자리를 마련했습니다.

1) **가**: 이건 무슨 표예요?
나: 제가 출연하는 연극 공연 표인데요. ______________________ 드리는 거예요.

2) **가**: 이건 이미 다 결정된 사항 아닌가요?
나: 그래도 ______________________ 부탁드리는 겁니다.

3) **가**: 무슨 일로 전화하셨어요?
나: 이번에 좋은 보험 상품이 나와서 ______________________.

4) **가**: 핸드크림밖에 안 샀는데 사은품을 많이 주시네요.
나: ______________________.

5) **가**: 어떻게 오셨어요?
나: ______________________.

<2> 하나가 되는 지구촌

어휘

1. 알맞은 단어를 골라서 (　　) 안에 쓰십시오.

파견	의료	빈곤	후원하다	차원
기구	민간	비영리	좌절	생활고

1) 이 과장은 내년 1월부터 해외 지사로 (　　　　　　)될 예정이다.
2) 대학 입학 시험에 떨어진 것은 내가 겪은 첫 번째 (　　　　　　)이었다/였다.
3) UN은 전쟁을 막고 평화를 유지하기 위해서 설립된 국제 (　　　　　　)입니다.
4) 지금도 지구촌의 많은 나라들은 (　　　　　　)에서 벗어나기 위해서 노력하고 있다.
5) 이 문제는 개인적으로 해결할 것이 아니라 국가적 (　　　　　　)에서 해결해야 하는 문제입니다.
6) 남한과 북한은 문화와 예술, 체육 분야에서 교류를 하면서 (　　　　　　) 단체들이 조금씩 가까워지고 있다.
7) 지방의 소도시는 노인 인구 비율이 높지만 이들의 건강을 위한 (　　　　　　) 시설은 부족하다.
8) 자원봉사에 관심이 많던 내 친구는 졸업 후 교육, 출판, 문화 사업을 위한 (　　　　　　) 단체에 취직했다.
9) 이 소설은 (　　　　　　)을/를 겪으면서도 포기하지 않고 자신의 꿈을 이루어 나가는 한 사람에 대한 이야기입니다.
10) 배우 이원명 씨는 국내외에서 봉사 활동을 하면서 어려운 사람들을 돕기 위해서 (　　　　　　)고 있다고 합니다.

문법

-다시피 하다

1. 알맞은 것을 골라서 보기 와 같이 쓰십시오.

뛰어가다시피 했다.	거의 끌고가다시피 했다.
거의 망하다시피 했다.	거의 매일 만나다시피 한다.
국수를 마시다시피 했다.	침대에 쓰러지다시피 했다.

보기 친구는 나를 동아리에 거의 끌고 가다시피 했다.

1) 나는 수업에 늦을까 봐 ______________________.
2) 동생은 너무 피곤한지 ______________________.
3) 두 사람은 요즘 ______________________.
4) 그 회사는 ______________________.
5) 나는 배가 너무 고파서 ______________________.

2. 보기 와 같이 대화를 완성하십시오.

> 보기 **가:** 부모님이 안 된다고 하실 줄 알았는데 어떻게 허락을 받았어?
> **나:** 꼭 하게 해 달라고 부모님께 거의 빌다시피 했어.

1) **가:** 한국어를 어떻게 잘하게 되셨어요?

나: 유튜브나 기초 책을 보면서 ______________________.

2) **가:** 길이 많이 막히지요?

나: 네, 눈이 많이 와서 자동차들이 ______________________.

3) **가:** 얼마 전에 이사하셨다면서요?

나: 네, 그런데 집이 너무 오래돼서 수리를 많이 해야 했어요. ______________________.

4) **가:** 걔는 게임을 너무 많이 하는 것 같아. 전화하면 늘 PC방에 있더라.

나: ______________________.

5) **가:** 너 너무 피곤해 보인다. 잠을 못 잤어?

나: ______________________.

16과 <1> 이기주의의 극복

어휘

1. 알맞은 단어를 골라서 (　　) 안에 쓰십시오.

이만저만	유치하다	인접	상권	형성하다
유동	우려하다	건의하다	소통하다	협조하다

1) 최근 발생한 지진은 (　　　　　　) 국가들에도 적지 않은 영향을 미쳤다.
2) 날마다 술만 마시는 아들 때문에 고민이 (　　　　　　)이/가 아니에요.
3) 우리 지역은 출퇴근 시간이면 (　　　　　　) 인구가 너무 많아서 복잡하다.
4) 우리는 사장님께 회사 내 휴게실을 더 늘려 줄 것을 (　　　　　　)기로 했어요.
5) 정부는 최근 외국인 직접 투자를 (　　　　　　)기 위한 노력을 한층 강화하고 있다.
6) 선거에서 이기기 위해서는 긍정적인 이미지를 (　　　　　　)는/은/ㄴ 것이 가장 중요하다.
7) 이번 영화 축제는 시상식과 달리 감독, 배우 그리고 관객이 서로 (　　　　　　)는 행사이다.
8) 장사가 잘 안 되는 음식점들을 도와주는 텔레비전 프로그램을 통해 죽었던 골목 (　　　　　　)이/가 살아나고 있다.
9) 정부에서 발표한 정책 때문에 오히려 경제 상황이 안 좋아지는 것이 아니냐고 (　　　　　　)는/은/ㄴ 사람들이 많다.
10) 실례합니다만 어제 저녁 이 가게에서 폭력 사건이 있었다는 신고가 들어왔는데 수사에 (　　　　　　)어/아/여 주시겠습니까?

문법

-나 싶다

1. 보기와 같이 쓰십시오.

보기 아무래도 신입 사원에게 너무 어려운 일을 시킨 것 같아요.
→ 아무래도 신입 사원에게 너무 어려운 일을 시킨 게 아닌가 싶어요.

1) 계속 콧물이 나는 게 감기에 걸린 것 같아요.
→ ______________________________.

2) 기운이 없을 때는 역시 고기가 최고인 것 같아요.
→ ______________________________.

3) 그동안 운동을 너무 안 했던 것 같아서 이제부터 헬스장에 가려고 해요.
→ ______________________________.

4) 제대로 된 여행을 위해서는 그 나라의 문화를 충분히 경험해야 하는 것 같아요.
→ ______________________________.

5) 밤새 아르바이트를 하는 친구가 너무 무리하는 것 같아서 걱정이에요.
→ ______________________________.

2. 보기 와 같이 대화를 완성하십시오.

보기 **가:** 오늘 흐엉 씨가 갑자기 왜 한턱낸다고 하는지 알아요?
나: 정확히는 모르겠지만 좋은 일이 생긴 게 아닌가 싶어요.

1) **가:** 왜 그렇게 표정이 안 좋아요?
나: 저 때문에 친구가 ______________________.

2) **가:** 오늘 경기는 어느 팀이 이길까요?
나: 선수들의 컨디션을 보니까 ______________________.

3) **가:** 하늘 씨가 왜 이렇게 늦지요?
나: 약속 시간에 늦을 사람이 아닌데 아무래도 ______________________.

4) **가:** 인생에서 가장 중요한 것은 뭐라고 생각하세요?
나: ______________________.

5) **가:** 요즘 식욕도 없고 의욕도 안 생겨서 계속 잠만 자요.
나: ______________________.

어휘

1. 알맞은 단어를 골라서 (　　) 안에 쓰십시오.

으쓱하다　부러움　폐쇄적　냉담하다　인식
더불다　귀화　이주　다용도　다민족

1) 사실 역사적으로 봤을 때 대부분의 나라들은 (　　　　　) 국가이다.
2) 어제 새로 산 최신 휴대 전화로 반 친구들의 (　　　　　)을/를 샀다.
3) 집 안을 깔끔하게 정리하기 위해서 (　　　　　) 수납장을 직접 만들기로 했다.
4) (　　　　　)인 공간인 작은 섬을 배경으로 한 새로운 공포 영화가 개봉됐다.
5) 과장 광고는 사람들에게 제품에 대한 잘못된 (　　　　　)을/를 심어 줄 수 있다.
6) 한국인과 결혼한 외국인 친구가 아직 한국으로 (　　　　　)을/를 할 생각은 없다고 한다.
7) 국회의원 후보 김모 씨는 (　　　　　)어/아/여 사는 사회를 만들기 위해 선거에 나왔다고 발표했다.
8) 자동차 회사에서 뒤늦게 해결 방안을 내놓았지만 사람들의 반응은 (　　　　　)었다/았다/였다.
9) 오늘 선생님께서 다른 친구들 앞에서 내가 시험을 가장 잘 봤다고 칭찬해 주셔서 어깨가 (　　　　　)었다/았다/였다.
10) 그들은 강제 (　　　　　) 정책으로 고향 땅을 떠나게 되었지만 낯선 땅에 가서도 여전히 그들만의 문화를 유지하며 살아가고 있다.

문법

-으면 몰라도

1. 다음을 연결하고 보기 와 같이 쓰십시오.

보기	5만 원 정도이다	●·······●	이렇게 비싼데 누가 사겠어?
1)	자유 여행이다	● ●	누가 자기 집 바로 앞에서 공사하는 것에 찬성하겠어요?
2)	공짜로 먹게 해 주다	● ●	시작을 했으면 끝까지 해야지.
3)	소음 문제가 해결되다	● ●	그렇게 해서는 듣기 실력이 좋아지지 않을 거예요.
4)	날마다 한국 뉴스를 듣다	● ●	단체 여행은 가고 싶지 않아.
5)	시작을 안 했다	● ●	1시간씩이나 기다려서 밥 먹을 생각은 없어.

보기 5만 원 정도면 몰라도 이렇게 비싼데 누가 사겠어?

1) ______________________________.
2) ______________________________.
3) ______________________________.
4) ______________________________.
5) ______________________________.

2. 보기 와 같이 대화를 완성하십시오.

> 보기 **가:** 서비스로 좀 더 안 주세요?
> **나:** 많이 사셨으면 몰라도 딱 한 개 사셨는데 어떻게 드려요?

1) **가:** 내일 불꽃 축제를 한다는데 바쁘지 않으면 혼자서라도 한 번 가 봐.

나: ______________________________ 혼자 가는 건 좀 이상하잖아.

2) **가:** 한 번도 안 입었는데 왜 환불이 안 된다는 거죠?

나: ______________________________ 이미 가격표를 뗀 이상 환불해 드릴 수 없습니다.

3) **가:** 주앙 씨랑 이제 그만 화해하지 그래?

나: ______________________________ 내가 먼저 사과하지는 않을 거야.

4) **가:** 대학교 때 컴퓨터 공학을 전공했지? 내 컴퓨터 좀 고쳐 줘.

나: ______________________________.

5) **가:** 내가 이번에 장학금을 받을 수 있을까?

나: ______________________________.

<1> 자연의 아름다움

어휘

1. 알맞은 단어를 골라서 (　　) 안에 쓰십시오.

이색적이다　생물　경이롭다　생명력　일몰
형용하다　이름나다　기이하다　감탄하다　이례적이다

1) 서해 바다에서 바라본 (　　　　　　)은/는 그림처럼 아름다웠어.
2) 이 식물은 (　　　　　　)이/가 강해서 어떤 환경에서도 잘 자라요.
3) 환경의 변화에 적응하지 못한 (　　　　　　)은/는 사라지게 됩니다.
4) 새로운 생명의 탄생을 지켜보는 것은 매우 (　　　　　　)는/은/ㄴ 느낌이었다.
5) 올림픽에서 금메달을 땄을 때 말로는 (　　　　　　)을/ㄹ 수 없을 만큼 기뻤어요.
6) 발레리나가 힙합 음악에 맞춰 춤을 추는 모습이 참 (　　　　　　)었다/았다/였다.
7) 10살 아이가 6개 국어를 유창하게 말하는 걸 보고 사람들이 모두 (　　　　　　)었다/았다/였다.
8) 내 방 친구는 자다가 일어나서 돌아다니는 (　　　　　　)는/은/ㄴ 잠버릇이 있어서 가끔 놀란다.
9) 이번 행사에는 (　　　　　　)는/은/ㄴ 연예인들이 많이 참가하니까 관객들도 많이 참석하리라고 예상합니다.
10) 올해는 5월부터 30도를 넘는 더위가 시작됐는데요. 매우 (　　　　　　)는/은/ㄴ 경우라고 할 수 있습니다.

문법

-는 한

1. 보기 와 같이 쓰십시오.

보기 부모님한테서 경제적으로 독립하지 않으면 독립했다고 할 수 없다.
→ 부모님한테서 경제적으로 독립하지 않는 한 독립했다고 할 수 없다.

1) 가족이 함께한다면 저는 외롭지 않습니다.
→ ______________________.

2) 포기하지 않고 열심히 노력하면 언젠가는 성공할 수 있을 겁니다.
→ ______________________.

3) 교통비도 아낄 겸해서 될 수 있으면 차를 안 타고 걸어 다닙니다.
→ ______________________.

4) 미세 먼지 문제가 해결되지 않으면 호흡기 질환 환자 수가 줄지 않을 것이다.
→ ______________________.

5) 유전자 조작 식품이 안전하다고 인정받지 못한다면 국민들이 안심하고 먹기는 어려울 겁니다.
→ ______________________.

2. 보기 와 같이 대화를 완성하십시오.

> 보기 **가:** 방학 동안 한국에 계실 계획이라면서요?
> **나:** 네, 특별한 일이 생기지 않는 한 한국에 있으려고 해요.

1) **가:** 핸드폰이 엄청 오래된 거 같군요. 안 바꾸고 계속 쓰실 거예요?

   나: 네, 사용하기 편해서 ______________________ 바꿀 생각이 없어요.

2) **가:** 이 프로젝트는 계속 이대로 진행을 하는 겁니까?

   나: 네, ______________________ 이대로 진행하려고 합니다.

3) **가:** 오피스텔 계약 기간이 끝나 가는데 연장하실 거예요, 이사하실 거예요?

   나: ______________________ 이사할 생각이 없습니다.

4) **가:** 날씨가 안 좋아도 행사가 취소되지는 않지요?

   나: ______________________.

5) **가:** 지금 사귀고 있는 사람이랑 결혼까지 할 생각이야?

   나: ______________________.

17과 <2> 환경 파괴와 환경 보호

어휘

1. 알맞은 단어를 골라서 (　　) 안에 쓰십시오.

> 수거　　악영향　　보존하다　　의식　　매연
> 온난화　　규제　　대체　　폐　　염려

1) 이번 학기에는 기말고사를 보고서로 (　　　　　　)하겠습니다.
2) 도와드리려고 한 일이었는데 오히려 (　　　　　　)만 끼치게 돼서 죄송합니다.
3) 예술계에서는 표현의 자유를 (　　　　　　)하는 것은 바람직하지 않다고 봅니다.
4) 선생님께 알리지도 않고 계속 학교를 빠져서 (　　　　　　)을/를 끼쳐 드렸어요.
5) (　　　　　　)의 영향으로 봄, 가을이 짧아지는 이상 기온 현상이 나타나고 있다.
6) 현재 남아 있는 전통 문화를 잘 (　　　　　　)을/ㄹ 수 있는 방안을 마련해야 합니다.
7) 올바른 (　　　　　　)이/가 있는 사람이라면 그런 비도덕적인 행동은 안 했을 거예요.
8) 대기 오염은 자동차나 공장 등에서 나오는 (　　　　　　)와/과 먼지에 의해 발생한다.
9) 저희 기관에서는 환경 보호를 위해 분리(　　　　　　)한 폐지로 만든 휴지를 사용합니다.
10) 소금은 인간에게 꼭 필요한 것이지만 반대로 너무 많이 섭취하면 (　　　　　　)을/를 끼칠 수도 있다.

문법 -어서는/아서는/여서는

1. 표시를 보고 보기 와 같이 쓰십시오.

보기 여기에서 담배를 피워서는 안 됩니다.

1) ______________________________.

2) ______________________________.

3) ______________________________.

외부 음식 반입 금지

4) ______________________________.

5) ______________________________.

2. 보기 와 같이 대화를 완성하십시오.

보기 가: 의사 선생님, 내일부터 출근해도 될까요?
나: 며칠 동안은 푹 쉬셔야 합니다. 절대 무리해서는 안 됩니다.

1) 가: 이 조각품을 만져 봐도 될까요?

나: 여기에 전시된 작품들은 함부로 ______________________ 안 됩니다.

2) 가: 이제 공연을 시작해도 될까요?

나: 아니요, 주연 배우가 아직 도착하지 않았으니까 ______________________.

3) 가: 어버이날 선물로 이 스카프는 어떻습니까?

나: 이건 20만 원이 넘잖아요. 이렇게 ______________________.

4) 가: 6급 진급 기준은 무엇입니까?

나: ______________________.

5) 가: 도서관에 빈자리가 있으면 그냥 앉아도 되지요?

나: ______________________.

18과 <1> 한옥의 과학성

어휘

1. 알맞은 단어를 골라서 (   ) 안에 쓰십시오.

아늑하다 기와집 마루 처마 온돌 초가집
통풍 개조 실망스럽다 사치스럽다 수다스럽다

1) 나는 말이 없는 편인데 내 동생은 (   )는/은/ㄴ 편이야.
2) 더운 여름날 우리는 앞마당이 보이는 (   )에 앉아 수박을 먹곤 했다.
3) 한옥에는 (   )이/가 있어서 추운 겨울에도 방바닥이 매우 따뜻합니다.
4) 베란다를 (   )해서 거실을 넓히고 한쪽 구석에는 작은 정원을 만들었다.
5) 열심히 노력한 것에 비해 결과가 좋지 않아서 무척 (   )는다/ㄴ다/다.
6) 빨래를 잘 말리려면 햇빛이 잘 들어오고 (   )이/가 잘되는 곳에 널어야 해요.
7) 한옥의 지붕 끝부분인 (   )은/는 뜨거운 햇빛과 비바람을 막아 주는 역할을 한다.
8) 이 명품 시계와 가방은 학생인 제가 하고 다니기에 너무 (   )어/아/여 보여요.
9) 새로 지어진 숲 공원은 자연 친화적인 분위기 속에서 편안하고 (   )는/은/ㄴ 느낌을 준다.
10) 신분이 높은 사람들은 보통 (   )에서 살았고, 농사를 짓는 사람들은 주로 (   )에서 살았습니다.

문법

-는/은/ㄴ 듯하다

1. 보기 와 같이 쓰십시오.

상태가 더 나빠졌다	저 사람은 결혼한 사람이다
저 식당은 맛이 없다	사람들이 책을 많이 안 읽다
사람들이 많이 다쳤다	아직 그 일에 대해서 모르다

보기 요즘 책이 많이 안 팔린대요.
→ 사람들이 책을 많이 안 읽는 듯해요.

1) 다들 걱정하고 있는데 그 사람은 표정이 밝아요.
→ ____________________.

2) 손에 반지를 끼고 있어요.
→ ____________________.

3) 점심 시간에 사람들이 많지 않아요.
→ ____________________.

4) 또 수술을 한대요.
→ ____________________.

5) 사고 현장에 구급차가 여러 대 와 있어요.

→ ______________________________.

2. 보기 와 같이 대화를 완성하십시오.

보기 가: 등산을 자주 하시네요.
나: 건강에 좋은 듯해서 등산을 자주 해요.

1) 가: 오늘 일찍 들어왔구나!

나: ______________________________ 좀 쉬려고 일찍 들어왔어요.

2) 가: 피터 씨가 요즘 얼굴이 좀 어두워요. 무슨 일이 있어요?

나: 무슨 말 못할 ______________________________.

3) 가: 요즘 그 사람과 연락이 잘 안 돼요.

나: 사업을 새로 시작하면서 많이 ______________________________.

4) 가: 제인 씨는 방학마다 여행을 가요.

나: ______________________________.

5) 가: 두 사람이 사이가 좋더니 갑자기 말을 안 해요.

나: ______________________________.

<2> 건축과 공간

어휘

1. 알맞은 단어를 골라서 (   ) 안에 쓰십시오.

초점　독특하다　외형적　조화롭다　가장자리
모퉁이　울퉁불퉁하다　정사각형　풍요롭다　향기롭다

1) 길 (   )에 눈이 쌓이기 시작했다.
2) 이 건축물은 주위의 자연과 (   )게 어울리도록 지어졌다.
3) 주사위의 면은 가로와 세로의 길이가 똑같은 (   ) 모양이다.
4) 사진을 찍을 때 (   )을/를 잘 맞춰야 사진이 선명하게 나온다.
5) (   )은/ㄴ 노후 생활을 위해 지금부터 열심히 돈을 모으고 있어요.
6) 저기 (   )에 있는 커피숍에서 왼쪽으로 돌면 정류장이 나올 거예요.
7) 그 건물은 (   )으로/로 눈에 띌 뿐만 아니라 실내 장식도 개성적이다.
8) 활짝 핀 꽃이 너무 예뻐서 냄새를 맡아 보았는데 정말 (   )었다/았다/였다.
9) 시골길이 좁고 (   )어서/아서/여서 차로 마을까지 들어가는 것이 힘들었다.
10) 이 작가의 작품 세계가 너무 (   )어서/아서/여서 그 당시 많은 사람들이 작품을 이해하지 못했다.

문법

-으니만큼/니만큼

1. 다음을 연결하고 보기 와 같이 쓰십시오.

보기	커피 맛과 서비스가 좋다	●	● 여러 나라에서 온 관광객으로 항상 붐벼요.
1)	세계적으로 유명한 관광지이다	●	● 더욱더 안전에 주의해야 한다.
2)	최선을 다하고 있다	●	● 사람들이 그 카페를 많이 찾을 거예요.
3)	오늘이 네 생일이다	●	● 지출도 줄여야 합니다.
4)	수입이 줄었다	●	● 좋은 결과가 있을 거예요.
5)	아이 셋을 데리고 해외여행을 가다	●	● 네가 원하는 것은 다 들어 줄게.

보기 커피 맛과 서비스가 좋으니만큼 사람들이 그 카페를 많이 찾을 거예요.

1) ______________________________.
2) ______________________________.
3) ______________________________.
4) ______________________________.
5) ______________________________.

2. 알맞은 것을 골라서 보기 와 같이 대화를 완성하십시오.

> 보기 **가:** 이번 주에 있는 면접시험 잘 보세요.
> **나:** 고마워요. 처음 보는 면접시험이니만큼 실수하지 않도록 열심히 준비하고 있어요.

1) 가: 곧 상영될 영화 '서울행'에 대한 사람들의 기대가 커요.

나: ______________________________ 사람들이 기대를 많이 하는 것 같아요.

2) 가: 예전에는 외식을 자주 하더니 요즘은 집에서 밥을 해 먹네요.

나: ______________________________ 소비를 줄여야 할 것 같아요.

3) 가: 이번 문제를 어떻게 할까요?

나: ______________________________ 여러 사람들과 의논을 해서 결정해야 해요.

4) 가: 이번 방학 때 정말 오랜만에 가족들과 함께 여행을 가요.

나: ______________________________.

5) 가: 경쟁이 치열했지만 이번에 대학에 합격했어요.

나: ______________________________.

19과 <1> 한국 역사의 흐름

어휘

1. 알맞은 단어를 골라서 (   ) 안에 쓰십시오.

핵심적	건국	전성기	고난	위기
국력	약화	재난	피난	도난

1) 두 나라는 전쟁에 모든 (   )을/를 기울였다.
2) 이 글에서 이야기하고자 하는 (   )인 내용이 무엇입니까?
3) 휴가철에는 (   ) 사고가 많이 발생하니까 문단속을 잘해야 해.
4) 기술 개발에 대한 투자 부족과 높은 가격은 제품 경쟁력을 (   )시킨다.
5) 단군 신화는 고조선을 (   )한 고조선 최초의 왕인 단군에 대한 이야기입니다.
6) 그 축구 선수는 2년 연속 20골 이상의 기록을 세우는 등 (   )을/를 맞고 있다.
7) 폭설이 계속되면서 우리 마을 사람들은 근처 초등학교에서 (   ) 생활을 시작했다.
8) 성공한 사람들에게는 기쁨과 행복의 시간만 있는 것이 아니라 힘든 (   )의 과정도 있다.
9) 영화 '타이타닉'은 1912년에 실제로 있었던 사건을 소재로 한 대표적인 (   ) 영화입니다.
10) 1997년에 시작되어서 2001년에 끝난 한국의 'IMF 시대'는 한국 역사에서 가장 고통스러운 경제 (   )의 시대였다.

문법 -은/ㄴ 결과

1. 다음을 연결하고 보기 와 같이 쓰십시오.

보기	정성껏 간호했다.	•	• 방문자 수가 늘었다.
1)	열심히 노력했다.	•	• 아버지의 병이 많이 나아졌다.
2)	꾸준히 기타를 연습했다.	•	• 좋은 작품을 완성할 수 있었다.
3)	날마다 물을 충분히 마셨다.	•	• 질 좋은 사과를 키워 낼 수 있었다.
4)	더운 날씨에도 열심히 농사를 지었다.	•	• 피부가 좋아지고 피곤함도 사라졌다.
5)	맛집 사진을 자주 찍어서 SNS에 올렸다.	•	• 작은 연주회를 할 수 있을 만큼 실력이 늘었다.

보기 정성껏 간호한 결과 아버지의 병이 많이 나아졌다.

1) ______________________________.
2) ______________________________.
3) ______________________________.
4) ______________________________.
5) ______________________________.

2. 보기 와 같이 대화를 완성하십시오.

> 보기 **가:** 어떻게 해서 승진하셨어요?
> **나:** 성실하게 일한 결과 승진할 수 있었어요.

1) **가:** 10년 만에 1억을 모으셨다면서요? 대단하세요.

나: ______________________________ 큰돈을 모을 수 있었어요.

2) **가:** '성공의 비결'이라는 책을 쓰셨지요? 성공한 사람들은 어떤 특징을 가지고 있습니까?

나: 성공한 사람들을 ______________________________ 성실하다는 공통점을 가지고 있었습니다.

3) **가:** 한국 사람들은 여가 시간에 무엇을 제일 많이 합니까?

나: ______________________________ 한국 사람들이 제일 많이 하는 여가 활동은 TV 시청으로 나타났습니다.

4) **가:** 어떻게 해서 이렇게 싸게 파는 곳을 찾으셨어요?

나: ______________________________.

5) **가:** 요즘 체력이 좋아지신 것 같아요. 비결이 뭐예요?

나: ______________________________.

19과 <2> 소중한 문화유산

어휘

1. 알맞은 단어를 골라서 (　　) 안에 쓰십시오.

왕릉	자리하다	제례	온전하다	발굴
복구	지정	게재	적재	기재

1) 이름, 연락처, 여권 번호를 빠짐없이 (　　　　　)하십시오.
2) 한국의 제일 큰 섬인 제주도는 한국의 남쪽에 (　　　　　)고 있다.
3) 1990년에 공휴일에서 제외되었던 한글날은 2013년에 다시 공휴일로 (　　　　　)되었다.
4) 지진에도 불구하고 다행히 우리 집은 거의 무너지지 않고 (　　　　　)는/은/ㄴ 상태였다.
5) 우리 신문사에서는 정치, 경제, 과학, 문화 등 다양한 분야의 칼럼을 (　　　　　)하고 있다.
6) 많은 양의 기름이 (　　　　　)된 배가 바다에서 사고가 나면서 기름이 유출되는 사고가 발생했다.
7) 교통이 끊겨서 폭우 피해를 입은 지역들의 전기와 수도 시설 (　　　　　)이/가 늦어지고 있습니다.
8) 서울 종로에 있는 종묘는 조선 시대의 왕과 왕비를 위한 (　　　　　)을/를 지내는 곳으로 귀중한 한국 전통 문화유산이다.
9) 서울 풍납동에서는 1997년에 아파트 건설을 위해서 땅을 파던 도중에 백제 시대의 여러 유적과 유물들이 발견되면서 (　　　　　)이/가 시작되었다.
10) 신라의 수도였던 경주에는 곳곳에 (　　　　　)이/가 있고, 그곳에서 발굴된 유물들이 전시되어 있는 박물관도 있어서 한국 사람들이 많이 찾는 유적지이다.

문법 으로는/로는

1. 보기 와 같이 쓰십시오.

보기 사람을 설득하는 방법 / 정직만 한 게 없어요.
→ 사람을 설득하는 방법으로는 정직만 한 게 없어요.

1) 막걸리 안주 / 파전이 최고야.
→ ______________________________.

2) 인터넷의 장점 / 시공간의 제약을 받지 않는다는 점을 들 수 있다.
→ ______________________________.

3) 서울의 산책 장소 / 한강 공원이 그만이에요.
→ ______________________________.

4) 요즘 가장 인기 있는 드라마 / '세상의 끝'을 꼽을 수 있습니다.
→ ______________________________.

5) 노래를 잘하다 / 가수 김윤성을 따를 사람이 없어.
→ ______________________________.

2. 보기 와 같이 대화를 완성하십시오.

보기 **가:** 우리 반에서 누가 제일 재미있어요?
나: 재미있기로는 주앙이가 최고지요.

1) **가:** 너무 더운데 무슨 방법이 없을까요?
나: 바다에 가세요. ______________________ 바닷가가 제일이에요.

2) **가:** 중학생 조카에게 선물을 하려고 하는데 뭐가 좋을까요?
나: ______________________ 문화상품권이 제일인 것 같아요.

3) **가:** 목감기에 걸려서 목이 너무 아픈데 어떤 차를 마시는 게 좋아요?
나: ______________________ 생강차만 한 게 없어요.

4) **가:** 한국 사람들이 좋아하는 길거리 음식이 뭐예요?
나: ______________________.

5) **가:** 부모님이 처음 한국에 오시는데 어디에 모시고 가면 좋을까?
나: ______________________.

20과 <1> 출생, 관례, 혼례

어휘

1. 알맞은 단어를 골라서 (   ) 안에 쓰십시오.

예물	추세	대	지레짐작하다	백일잔치
돌잡이	성년의 날	폐백	혼주	혼담

1) 결혼할 때 결혼 (   ) 반지로 시어머니의 반지를 물려받았다.
2) 요즘 젊은 사람들은 (   )에 장미꽃과 향수를 선물한다고 한다.
3) 통계청 자료에 의하면 외국인 유학생이 꾸준히 증가하는 (   )이라고/라고 한다.
4) 오늘은 조카가 태어난 지 100일이 되는 날이어서 누나네 집에서 (   )을/를 했다.
5) 옛날에는 집안 어른들 사이에서 (   )이/가 오고 가면서 결혼이 정해지곤 했다.
6) 직접 이야기를 들어 보지도 않고 (   )어서/아서/여서 판단하는 행동은 바람직하지 않다.
7) 내 동생은 (   )을/를 할 때 마이크를 잡아서 다들 가수가 될 거라고 했지만 노래를 정말 못한다.
8) 결혼식에 가 보면 전통 혼례를 올리지 않더라도 (   )들 중 어머니들은 여전히 한복을 입는 것을 볼 수 있다.
9) 우리 가게는 증조할아버지 때부터 (   )을/를 이어온 설렁탕 맛집으로서 이 지역에서 단골손님이 가장 많은 음식점이다.
10) 요즘은 (   )을/를 생략하는 분위기지만 나는 집안 어른들께 인사도 드리고 덕담도 들을 수 있는 자리라는 점에서 하는 것이 좋다고 본다.

문법 **-더라도**

1. 보기 와 같이 쓰십시오.

> 보기 아무리 급하다 / 계단에서 뛰면 안 됩니다.
> → 아무리 급하더라도 계단에서 뛰면 안 됩니다.

1) 배가 고프다 / 과식하면 안 됩니다.
→ ______________________________.
2) 운동하는 것이 힘들다 / 날마다 해야 건강해질 수 있지요.
→ ______________________________.
3) 상품을 개봉했다 / 제품에 문제가 있으면 환불해 드립니다.
→ ______________________________.
4) 성적이 좋은 학생이다 / 수업 태도가 좋지 않으면 장학금을 받을 수 없어요.
→ ______________________________.
5) 날마다 책상 앞에 앉아 있다 / 집중하지 않으면 공부를 잘할 수 없어요.
→ ______________________________.

2. 보기 와 같이 대화를 완성하십시오.

> 보기 **가:** 다음 경기에서도 이길 자신이 있으신가요?
> **나:** 그럼요. 어떤 팀을 만나더라도 이길 자신이 있습니다.

1) **가:** 저는 기름진 음식을 좋아해서 자주 먹기는 해도 날마다 운동을 하니까 건강에 문제가 없겠지요?

나: ______________________________ 식습관을 바꾸지 않으면 위험할 것 같은데요.

2) **가:** 나는 여자 친구를 너무 좋아해서 매일 만나고 싶은데 여자 친구는 그렇지 않은가 봐.

나: ______________________________ 직장을 다니면서 매일 데이트하는 건 쉽지 않아.

3) **가:** 정말 급한 일이 있어서 어쩔 수 없이 그랬어요. 한 번만 봐 주세요.

나: ______________________________ 신호를 무시하면 되겠습니까?

4) **가:** 내가 이 회사 사장인데 왜 내 마음대로 직원 해고를 못 하게 하는 겁니까?

나: ______________________________.

5) **가:** 너무 화가 나서 친구에게 욕을 하고 말았어.

나: ______________________________.

<2> 장례와 제례

어휘

1. 알맞은 단어를 골라서 ( ) 안에 쓰십시오.

상 빈소 상주 요란하다 부고
문상 발인 기일 유족 따돌림을 당하다

1) 영화를 만든다고 (   )게 여기저기 떠들고 다니더니 만들기는 했니?
2) 형은 조문객들이 모두 돌아간 텅 빈 (   )에서 혼자 소리없이 울고 있었다.
3) 할머니께서 돌아가셨을 때 외국에서 오는 삼촌을 위해 (   )을/를 하루 미뤘다.
4) 매년 할아버지 (   )이/가 되면 친척들이 모두 모여 할아버지를 생각하며 기도하고 식사를 한다.
5) 사장님께서 모친상을 당했을 때는 조문객들이 많아서 (   )들이 모두 매우 정신없이 바빠 보였다.
6) 늘 소극적이고 자신감이 없어서 (   )던 친구가 어느 날 아이돌 가수로 데뷔를 했다.
7) 날씨가 추워서 그런지 돌아가시는 분들이 많아서 요즘 유난히 (   )을/를 많이 가게 되는 것 같다.
8) 결혼 날짜를 잡았는데 갑자기 남자 친구네 가족이 (   )을/를 당해서 결혼을 어쩔 수 없이 미루기로 했다.
9) 음주 운전으로 사망한 피해자의 (   )들은 가해자가 더 무거운 벌을 받기를 바라고 있다는 인터뷰를 했다.
10) 평소 존경하던 선생님의 (   )을/를 듣고는 그동안 바쁘다는 핑계로 자주 찾아뵙지 못한 것이 너무 후회가 되었다.

문법

-을뿐더러/ㄹ뿐더러

1. 다음을 읽고 보기 와 같이 쓰십시오.

저희 회사 신제품을 소개합니다. 먼저 보기 이 침대는 피부와 호흡기에 좋은 '편백 나무'로 만들었으며 인체에 유해한 재료를 전혀 사용하지 않았습니다. 그렇기 때문에 **1)**지친 몸을 이끌고 집에 돌아와서 침대에 누우면 눕자마자 피로가 풀리고 모든 스트레스가 사라지게 될 겁니다. 그리고 **2)**이 베개 모양은 인간이 가장 편하다고 느끼는 모양이며 높이도 적당해서 숙면을 취하는 데 도움이 됩니다. 그리고 이 침대 커버를 보십시오. **3)**100% 면으로만 만들어서 땀 흡수에도 좋고 체온 유지도 할 수 있게 도와줍니다. 특히 **4)**아토피가 있는 아이들에게는 꼭 필요하며 요즘같이 미세 먼지가 많은 계절에는 없어서는 안 되는 제품입니다. 광고만 보고 믿을 수 없다면 일단 한번 사용해 보세요. **5)**사용해 보시고 마음에 들지 않으시면 전액 환불을 해 드리고 보상까지 해 드립니다.

보기 이 침대는 피부와 호흡기에 좋은 '편백 나무'로 만들었을뿐더러 인체에 유해한 재료를 전혀 사용하지 않았습니다.

1) ______________________________.

2) ______________________________.

3) ______________________________.

4) ______________________________.

5) ______________________________.

2. 알맞은 것을 골라서 보기 와 같이 대화를 완성하십시오.

보기 **가:** 엄마, 아이스크림 하나 더 먹고 싶은데 왜 먹으면 안 돼요?
나: 아이스크림은 너무 달뿐더러 차갑기 때문에 많이 먹으면 안 돼.

1) 가: 오늘 저녁에 한잔할까?

나: 안돼. ______________________ 발표도 해야 돼서 오늘 밤새 준비해야 돼.

2) 가: 이 배우는 왜 인기가 많지? 연기도 못하는데.

나: ______________________ 누구에게나 친절하대.

3) 가: 왜 그렇게 그 친구를 싫어해?

나: ______________________ 항상 자기 멋대로야.

4) 가: 그 나라가 짧은 시간에 급속한 경제 발전을 이룰 수 있었던 비결은 뭘까?

나: ______________________.

5) 가: 남성들의 육아 휴직이 늘어나고 있다는데요.

나: ______________________.

모범 답안(교재)

11-1 적성과 직업

☆ 어휘1

① 내성적 ② 덜렁대다 ③ 차분하다
④ 둔하다 ⑤ 예민하다 ⑥ 사교적이다
⑦ 이성적이다

☆ 어휘2

① 가치관을 ② 인생관을 ③ 직업관을 ④ 세계관

◆ 문법

1) 나: 나는 일 처리를 잘못할 때마다 부족함을 느껴. 내가 좀 더 능력 있는 사람이었으면 해.

2) 가: 나는 요즘 회식을 너무 자주 해서 힘들어. 회식을 안 했으면 해.

3) 나: 나는 팀장과 성격이 안 맞아. 그래서 팀을 옮겼으면 해.

4) 가: 아직 팀에서 막내여서 시키는 일이 너무 많아. 빨리 내 밑으로 신입 사원이 들어왔으면 해.

5) 나: 지금의 월급으로는 저축을 많이 하지 못하니까 빨리 승진해서 월급이 올랐으면 해.

◆ 연습해 봅시다

1) 가: 저는 성격이 독립적이고 이성적인 편이어서 사람들과 함께 하는 시간보다는 혼자 움직이고 생각하는 게 더 편할 때가 많아요.
나: 그럼 어떤 직업관을 가지고 있어요?
가: 저는 혼자 자유롭게 일할 수 있는 직업을 가졌으면 해요. 직장에서의 상하 관계는 좀 답답할 것 같아요. 그리고 다른 사람이 시키는 일을 하기보다는 제가 원하는 일을 스스로 찾아서 해 보고 싶어요.
나: 그럼 직장에 들어가는 것보다는 프리랜서로 일하는 게 좋겠어요.

2) 가: 저는 감성적이고 예민한 성격이에요. 그래서 사람들과 대화할 때 상대방의 말과 행동을 주의 깊게 살피는 편이에요.
나: 그럼 어떤 결혼관을 가지고 있어요?
가: 저는 제 감정을 공감해 주고 대화가 잘 통하는 사람과 결혼했으면 해요. 저는 평생을 함께할 부부라면 대화를 통해서 서로의 감정을 이해하고 배려하는 것이 중요하다고 생각하거든요.
나: 분명히 그런 사람을 만날 수 있을 거예요.

11-2 구인과 구직

☆ 어휘1

① 정규직 ② 평생직장 ③ 판매직
④ 아르바이트 ⑤ 취업난 ⑥ 사무직
⑦ 임시직 ⑧ 구인난

☆ 어휘2

① 아마 ② 설마 ③ 아무래도 ④ 어쩌면

◆ 문법

1) 가: 승진하면서 팀도 옮겼다고 들었어.
나: 응, 이전 팀에 만족하면서 근무하고 있었는데 좀 아쉬워. 그래도 팀을 옮긴 이상 빨리 적응하기 위해서 팀원들과 잘 어울려야 할 것 같아.

2) 가: 후배 사원이 들어왔다면서?
나: 응, 그동안 팀에서 막내여서 상사들이 시키는 일만 했는데 말이야. 이제 후배 사원이 들어온 이상 선배로서 모범을 보여야지.

3) 가: 월급도 올랐지?
나: 응, 일이 힘들어서 그만두고 싶을 때도 있었는데 월급이 오른 이상 더 열심히 일해야겠어.

4) 가: 그런데 새로 옮긴 팀에서는 영어를 많이 쓴다면서?
나: 응, 난 영어에 자신감이 없어서 걱정이야. 새로운 팀에서 가장 중요한 게 영어 실력인 이상 영어 공부에 더 신경 쓰려고 해.

5) 가: 참, 너 휴가 받았다면서? 정말 좋겠다.
나: 응, 그동안 휴가를 못 갔는데 오랜만에 휴가를 받은 이상 하고 싶은 것들을 다 하려고 해.

◆ 연습해 봅시다

1) 가: 최근 대기업만을 선호하는 분위기가 확산되고 있다고 해요.
나: 네, 이런 분위기가 확산되고 있는 이상 중소기업들의 구인난은 계속될 거예요.
가: 앞으로 어떻게 될까요? 계속 이런 분위기가 유지될까요?
나: 현재는 대기업 위주로 취업을 원하는 사람들이 많지만 시간이 지나면 아마 중소기업에 대한 구직자들의 생각이 달라질 거예요.

2) 가: 로봇 기술이 정말 빠르게 발전하고 있지요?
나: 네, 그런데 계속해서 로봇 기술이 발전하는 이상 사라지는 직업은 점점 늘어날 거예요.
가: 그럼 혹시 우리는 나중에 취업을 못 하게 되는 거 아니에요?
나: 설마 직업이 모두 없어지겠어요? 그렇게 되지는 않을 거예요. 걱정 마세요.

◆ 복습

1. ① 창의적 ② 실제적으로 ③ 두루
④ 작성했다 ⑤ 끈기가 ⑥ 의욕적으로

2. ① 취소했으면 해요 ② 작성한 이상

12-1 시장의 변화

☆ 어휘1

① 철폐를 ② 취향 ③ 온라인 구매를
④ 직접 구매 ⑤ 생활화 ⑥ 자유 무역이
⑦ 보호 무역을

☆ 어휘2

① 급락 ② 급감 ③ 급증 ④ 급등

◆ 문법

1) 가: 이 무덤 사진 좀 봐. 정말 독특하지 않아?
나: 무덤 양식을 통해 그 시대 사람들의 사후 세계관을 알 수 있어.

2) 가: 이건 조선 시대 성균관 사진 아니야?
나: 응, 맞아. 한국 사람들은 옛날부터 교육을 통해 나라를 발전시킬 수 있다고 생각했대.

3) 가: 이 사진은 선거를 하고 있는 사진인데?
   나: 1987년에 선거를 통해 대통령을 직접 뽑게 되었대.

4) 가: 아, 이 사진을 본 적이 있어. 금 모으기를 하는 사진이잖아.
   나: 맞아. 1997년에는 어려운 시간을 통해 국민이 하나가 되어 어려움을 극복해 내는 법을 배우기도 했지.

5) 가: 박물관에 오니까 옛날 물건이나 옛날 일들을 알 수 있어서 좋은 것 같아.
   나: 그뿐만 아니라 나는 역사를 통해 앞으로 나아갈 방향을 알 수 있다고 생각해.

◆ 연습해 봅시다

1) 가: 요즘은 구매 채널이 다양화되었는데요. 또 어떤 변화가 있을까요?
   나: 제 생각에는 앞으로 더욱 빨라진 교통수단을 통해 배송 시간이 단축될 것 같아요.
   가: 그것의 부작용은 없을까요?
   나: 해외 구매 배송 시간이 많이 단축되면 국내 기업들의 판매량이 급감할 수 있다는 부작용이 있을 수 있어요.

2) 가: 요즘은 과거에 비해 신용 카드 사용이 생활화되었는데요. 앞으로는 또 어떤 변화가 있을까요?
   나: 제 생각에는 앞으로 가상 화폐의 보급을 통해 편리한 경제생활이 가능할 것 같아요.
   가: 그것의 부작용은 없을까요?
   나: 급변하는 사회를 따라갈 수 없는 노년층의 경제력이 약화될 수 있다는 부작용이 있을 수 있어요.

12-2 소비자 피해와 보상

☆ 어휘1

① 보증 ② 무상 ③ 손상을 ④ 하자가
⑤ 교환 ⑥ 파손 ⑦ 배상을

☆ 어휘2

① 피해를 ② 가해 ③ 침해 ④ 방해

◆ 문법

1) 그 뿐만 아니라 건물 옆에 오래된 나무들이 많아서 나무가 다 타게 생겼습니다.

2) 심지어 건물 위에서 벽돌이 떨어져서 소방대원들이 다치게 생겼습니다.

3) 그리고 불이 건물 전체로 옮겨 붙어서 건물이 무너지게 생겼습니다.

4) 게다가 소방대원 한 명이 많이 다쳤는데 그대로 두면 죽게 생겼습니다.

5) 또한 건물 주변까지 피해가 너무 커서 주변 상인들이 큰 손해를 보게 생겼습니다.

◆ 연습해 봅시다

1) 가: 한 직원이 회사 내 폭력 사건을 방송국에 알렸대요.
   나: 그러게 말이에요. 아무래도 일이 커지게 생겼어요.
   가: 제 생각에는 가해자를 찾아내서 문책을 해야 할 것 같아요.
   나: 맞아요. 회사 차원에서 사과문도 올려야 되고요.

2) 가: 우리 회사 드라이어에서 타는 냄새가 난다는 신고가 많습니다.
   나: 저도 들었습니다. 그런 신고가 너무 많아서 이러다가 휴가를 못 가게 생겼습니다.
   가: 제 생각에는 제품 결함의 원인만 알아내면 될 것 같습니다.
   나: 원인을 알아내는 것은 당연하고 상해를 입는 소비자가 생길 수도 있으니까 모든 제품에 리콜 서비스를 해야 됩니다.

◆ 복습

1. ① 대행 ② 띄 ③ 채널을
   ④ 물품을 ⑤ 체결되면서 ⑥ 단축
   ⑦ 결함이 ⑧ 추락 ⑨ 보상을
   ⑩ 근본적 ⑪ 신뢰도를

2. ① 인터넷 사이트를 통해 ② 감기 걸리게 생겼네.

13-1 옷차림과 유행

☆ 어휘1

① 돋보이 ② 앞서가면 ③ 뒤처지면
④ 무관심한 ⑤ 개성이

☆ 어휘2

① 형형색색 ② 무색무취 ③ 천편일률 ④ 각인각색

◆ 문법

1) 가: 이번 주말 콘서트 표가 생겼어. 같이 갈 거지?
   나: 그래? 다음 주가 시험인데 주말에 콘서트에 가자니 시험이 걱정이 되고 콘서트에 가지 않고 시험공부를 하자니 좋은 기회인데 아쉽고 해서 고민이네.

2) 가: 너 짝사랑을 끝내고 고백한다고 하더니 고백했어?
   나: 아니, 아직. 고백을 하자니 거절을 당할까 봐 두렵고 그냥 친구로 지내자니 다른 사람이랑 사귈까 봐 불안하고 해서 계속 갈등 중이야.

3) 가: 이번 방학에 고향에 다녀올 거야? 아니면 한국에 남아 있을 거야?
   나: 방학이 일주일인데 고향에 갔다 오자니 시간이 너무 짧을 것 같고 한국에 남아 있자니 심심할 것 같고 해서 생각 중이야.

4) 가: 난 용돈이 필요해서 아르바이트를 시작했어. 너도 하고 싶은 마음이 있어?
   나: 글쎄, 아르바이트를 하자니 공부 시간이 부족할 것 같고 안 하자니 용돈이 필요하고 해서 고민이 되네.

5) 가: 원래 5급까지 공부할 계획이었다면서? 6급에 안 갈 거야?
   나: 6급까지 공부하자니 대학교를 한 학기 더 휴학해야 하고 5급까지만 공부하자니 아쉽고 해서 고민이야.

◆ 연습해 봅시다

1) 가: 요즘 단발머리가 유행이라면서? 유행을 따라서 머리를 자르자니 안 어울릴까 봐 걱정이 되고, 기르자니 유행에 뒤처지는 것 같고 해서 어떻게 할까 고민 중이야.
   나: 뭐 어때? 한번 잘라 봐. 요즘은 다들 각양각색의 스타일을 하잖아. 한번 도전해 보는 것도 나쁘지 않을 것 같아.

2) 가: 요즘 미니스커트가 유행이라고 들었는데 이 겨울에 짧은

치마를 입자니 추울 것 같고, 혼자 긴 치마를 입고 다니자니 촌스러워 보일 것 같고 해서 살까 말까 생각 중이야.
나: 유행이 뭐 중요하냐? 각인각색의 매력이 있는 건데 너무 유행을 따르려고만 하지 말고 네가 좋아하는 스타일로 입어.

13-2 세계 속의 한류

☆ 어휘1

① 연예 기획사 ② 열렬한 ③ 친근한
④ 공감을 ⑤ 창의적

☆ 어휘2

① 열기가 ② 열광 ③ 열정 ④ 열애를

◆ 문법

1) 가: 너 주려고 커피를 사 왔는데 벌써 커피를 마셨어?
나: 응, 벌써 마셨는데. 네가 사올 줄 알았으면 커피를 마시지 말걸.

2) 가: 연습 책에서 시험 문제가 많이 나왔다던데 알고 있었니?
나: 진짜? 연습 책을 열심히 볼걸.

3) 가: 오늘 영하 10도라고 하던데 옷을 왜 이렇게 얇게 입고 왔어?
나: 이렇게 추울 줄 몰랐어. 이렇게 추울 줄 알았다면 잘 챙겨 입을걸.

4) 가: 내일부터 세일을 시작한다고 하던데 그 신발을 벌써 샀어?
나: 그래? 바로 어제 샀는데…. 사지 말걸.

5) 가: 오후에 옆 반하고 농구 시합하기로 했는데 너는 새 구두를 신고 와서 할 수 없겠네.
나: 농구를 한다고? 왜 미리 말해 주지 않았어? 그럴 줄 알았으면 운동화를 신고 올걸.

◆ 연습해 봅시다

1) 가: 어제 팬 미팅에 갔다 왔다면서?
나: 응. 우리나라에 케이 팝 열풍을 일으킨 아이돌 그룹의 팬 미팅에 갔다 왔는데 열정적으로 팬클럽 활동을 한 팬들만 초대한 자리였어. 스타와 팬들이 게임 같은 걸 하면서 공감하는 시간도 갖고 정말 좋았어.
가: 그래? 팬클럽 활동을 열심히 하는 팬들을 초대하는 자리가 있는 줄 알았다면 나도 열심히 활동을 할걸.
나: 열심히 활동하면 다음에 기회가 생길 거야.

2) 가: 지난번에 갔다 온 '장동연'의 사인회는 어땠어?
나: 요즘 한창 주목을 받고 있는 신인 배우여서 그런지 취재 열기가 뜨겁더라. 나는 '장동연' 씨를 직접 만난 후에 친근한 이미지와 친절한 태도 때문에 더 좋아하게 됐어. 정말 멋있는 사람인 것 같아.
가: 그래? 나도 참석할걸.
나: 다음에 기회가 되면 꼭 같이 가자.

◆ 복습

1. ① 각양각색 ② 선보이 ③ 돋보이는데요
④ 대세 ⑤ 수수해 ⑥ 연예 기획사
⑦ 연습생 ⑧ 열풍이 ⑨ 한류

2. ① 참석하자니 ② 참석할걸

14-1 한국 영화의 현주소

☆ 어휘1

① 전체 관람가로 ② 독립 ③ 시사회
④ 무대 인사를 ⑤ 청소년 관람 불가로

☆ 어휘2

1) 하늘의 별 따기지 2) 그림의 떡이야
3) 고생 끝에 낙이 온다고 4) 시작이 반이라고

◆ 문법

1) 영화 배우 '박우진'이 나타났다는 얘기를 듣고도 정말 그 사람이 왔을 거라고 생각을 못했어요.

2) 그 배우를 직접 봤는데 눈으로 보고도 믿을 수가 없었어요.

3) 그 배우한테서 사인을 받고도 떨려서 고맙다는 말도 못했어요.

4) 뒤늦게 제니 씨에게 전화했는데 제니 씨가 전화를 받고도 아무 말도 하지 않았어요.

5) 약속 장소에 정신없이 뛰어갔는데 제니 씨가 나를 보고도 모르는 척했어요.

◆ 연습해 봅시다

1) 가: 이번에 배우 '남지민'이 드라마 시상식에서 대상을 수상했대요.
나: 고생 끝에 낙이 온다고 오랜 무명 생활 끝에 결국 인정을 받는군요.
가: 맞아요. 그런데 배우 '남지민'이 상을 받고도 가슴이 벅차서 수상 소감을 말하지 못했대요.

2) 가: 요즘 청소년들이 청소년 관람 불가 영화를 쉽게 본대요.
나: 맞아요. 영화관에서 주민등록증을 검사하지 않으니까 청소년들이 그런 영화를 보는 것이 식은 죽 먹기일 거예요.
가: 영화관에서 청소년인 것을 알고도 모르는 척하는 거래요.

14-2 대중 매체의 변화

☆ 어휘1

① 각계각층 ② 영상 매체를 ③ 대중
④ 유익하 ⑤ 신속하

☆ 어휘2

① 보시다시피 ② 들으셨다시피 ③ 말씀드렸다시피

◆ 문법

1) 나: 하지만 선수들의 컨디션으로 보면 우리 팀이 오늘 좋은 경기를 할 수 있을 것 같습니다.

2) 나: 또한 팀의 분위기로 보아 오늘 우리 팀이 꼭 이길 것 같습니다.

3) 나: 상대팀의 경기를 분석한 결과로 보면 이석진과 정지훈 선수만 조심하면 될 것 같습니다.

4) 가: 오늘 수많은 취재진들이 모인 것으로 보아 이번 경기가 상당히 중요한 것 같은데요.

5) 가: 몇 주 전부터 이미 표가 매진된 것으로 보아 팬들의 관심이 무척 뜨거운 것 같습니다.

◆ 연습해 봅시다

1) 가: 최근 인터넷에서 동영상을 보거나 혹은 직접 찍어서 올리는 등 인터넷 동영상 사용자들이 급증하고 있는데요. 이런 현상에 대해서 어떻게 생각하십니까?
   나: 이 뉴스 자료는 인터넷 사용자에 대한 현황을 조사한 것인데요. 보시다시피 인터넷 사용자 중 40% 이상이 신문이나 TV와 같은 기존의 매체를 이용하고 있지 않습니다. 이러한 각 대중 매체별 이용률의 변화로 볼 때 기존 매체의 수용자가 급격히 감소할 것으로 보입니다.

2) 가: 최근 시청자가 직접 참여하는 방송 프로그램이 증가하고 있는데요. 이런 현상에 대해서 어떻게 생각하십니까?
   나: 많은 분들이 아시다시피 시청자가 실시간으로 투표하는 TV 프로그램이 대다수 성공하고 있습니다. 각 방송사의 TV 시청률로 보아 쌍방향으로 소통하는 방송 프로그램이 더욱 증가할 것으로 보입니다.

◆ 복습

1. ① 개봉　② 동원을　③ 흥행
④ 돌풍을　⑤ 대박을　⑥ 일방향으로
⑦ 쌍방향으로　⑧ 댓글을

2. ① 표정이 밝은 것으로 보아　② 합격하고도

15-1 봉사하는 삶

☆ 어휘1

1) 기증했다　2) 재산을　3) 물품을　4) 부지를　5) 재단

☆ 어휘2

① 창의력　② 결단력　③ 추진력　④ 영향력

◆ 문법

① 어학당 선생님께 어떻게 하면 발음을 고칠 수 있을지 가르쳐 주십사 하고 부탁을 드렸어요.

② 아르바이트를 하는 화장품 가게에서 손님에게 또 방문해 주십사 하고 부탁을 드렸어요.

③ 대학원 선배에게 제가 쓴 논문을 한번 읽고 조언해 주십사 하고 부탁을 드렸어요.

④ 집주인 아주머니께 에어컨이 고장 나서 고쳐 주십사 하고 부탁을 드렸어요.

⑤ 교수님께 추천서를 써 주십사 하고 부탁을 드렸어요.

◆ 연습해 봅시다

1) 가: 안녕하세요, 홍보팀입니다. 총무팀에서 청소 봉사 활동을 해 주십사 하고 연락 드렸습니다.
   나: 청소 봉사 활동이요? 어디에서 하면 되는 건가요?
   가: 우리 회사 근처에 있는 하천 청소를 하는 봉사 활동입니다. 우리 회사가 이번 봉사 활동을 통해서 지역 사회에 긍정적인 영향력을 끼칠 수 있었으면 해서 부탁드리는 겁니다.
   나: 아, 그런 일이군요. 알겠습니다. 팀원들에게 안내하도록 하겠습니다.

2) 가: 안녕하세요, 홍보팀입니다. 생산팀에서 물품 기증을 해 주십사 하고 연락드렸습니다.
   나: 어떤 물품을 기증하면 되는 건가요?
   가: 경제적으로 어려운 사람들에게 우리 회사에서 생산한 겨울옷을 기증하면 어떨까 합니다. 아무래도 생산팀에서 맡아 주면 추진력 있게 일이 진행될 것 같아서 부탁드리는 겁니다.
   나: 아, 그런 일이군요. 알겠습니다. 팀원들에게 안내하도록 하겠습니다.

15-2 하나가 되는 지구촌

☆ 어휘1

국경 없는 의사회	국제기구	(보기 지구촌)의 어린이들이 건강하고 행복하게 살 수 있도록 ①(후원)하는 단체이다.
유니세프	정부 기구	②(도움을)을/를 필요로 하는 다른 나라에 가서 여러 가지 협력 사업을 통해 ③(지원)하는 한국의 단체이다.
코이카	비정부 기구	세계 각국의 의사들이 ④(인도적) 차원에서 의료 서비스를 ⑤(제공)하는 단체이다.

☆ 어휘2

① 고통을　② 좌절을　③ 생활고를　④ 갈등을

◆ 문법

1) 게임에 빠져서 밥도 굶다시피 해요.
2) 거의 주말마다 클럽에 가다시피 해요.
3) 술을 마시면 집에 제대로 걸어가지 못하고 기어가다시피 해요.
4) 술 마신 다음 날에는 하루 종일 누워 있다시피 해요.
5) 평소에 열심히 공부하지 않은 진영 씨는 시험 기간이 되니까 날마다 밤을 새우다시피 해요.

◆ 연습해 봅시다

1) 가: 어제 뉴스에서 식수 오염으로 사람들이 고통을 겪고 있는 모습을 봤어요.
   나: 저도 봤어요. 간단한 약도 없어서 거의 죽어 가다시피 하는 사람들을 보니까 마음이 아팠어요.
   가: 그래서 '국경 없는 의사회'에서 의료 서비스를 제공하기로 했대요.
   나: 그곳 사람들에게 힘이 되면 좋겠어요.

2) 가: 어제 뉴스에서 전쟁을 겪고 있는 사람들의 모습을 봤어요.
   나: 저도 봤어요. 날마다 굶다시피 하는 사람들을 보니까 마음이 아팠어요.
   가: 그래서 유니세프에서 제대로 된 식사를 할 수 있도록 후원하는 프로그램을 운영하고 있대요.
   나: 그곳 사람들에게 힘이 되면 좋겠어요.

◆ 복습

1. ① 파견을　② 뿌듯하　③ 빈곤을

④ 특강이 ⑤ 보람을 ⑥ 말동무가
⑦ 별것 ⑧ 위안이

2. ① 시간을 내어 주십사 하고 ② 살다시피 하

16-1 이기주의의 극복

☆ 어휘1

① 논쟁해야 ② 협상을 ③ 편의 시설을
④ 유치할 ⑤ 우려하 ⑥ 협조하

☆ 어휘2

① 협의 ② 협상 ③ 협조 ④ 협동

◆ 문법

1) 나: 그래서 친구하고 연락이 됐어?
가: 아니요. 친구가 전화를 안 받아서 무슨 일이 있나 싶어서 집에 찾아가 봤지요.

2) 나: 집에 가니까 친구가 있었어요?
가: 네. 그런데 친구가 열이 많이 나더라고요. 이러다가 큰일이 나는 게 아닌가 싶어서 병원에 바로 데리고 갔어요.

3) 나: 병원에서 의사 선생님과 한국말로 이야기했어요?
가: 병원에서 한국말로 이야기하기는 했는데 잘못 알아들었나 싶어서 계속 다시 질문을 했어요.

4) 나: 병원에 갔다가 친구를 집에 다시 데려다 줬겠군요.
가: 네. 그런데 친구가 평소에 제대로 된 밥을 못 먹었거든요. 아무래도 집밥이 최고가 아닌가 싶어서 밥을 해 줬어요.

5) 나: 정말 좋은 친구네요.
가: 아니에요. 친구가 혼자 너무 아팠잖아요. 그동안 친구에게 너무 무관심 하지 않았나 싶어서 앞으로 친구에게 더 신경을 쓰려고 해요.

◆ 연습해 봅시다

1) 가: 요즘 아르바이트가 힘들어서 고민이 커요.
나: 무슨 문제가 있는데요?
가: 매장에서도 일회용 컵을 사용하려는 손님들이 너무 많은데 상대하기에 역부족이에요.
나: 직접 상대하지 말고 점장님께 협조 요청 안내문을 게시해 달라고 건의해야 하는 게 아닌가 싶네요.

2) 가: 요즘 노동자들이 시위를 하고 있어서 너무 머리가 아파요.
나: 무슨 문제가 있는데요?
가: 노사간 소통이 계속 안 되고 있고 갈등이 점점 더 깊어지고 있거든요.
나: 아무래도 노사가 서로 양보하고 협상을 할 필요가 있는 게 아닌가 싶네요.

16-2 함께하는 다문화 사회

☆ 어휘1

① 이민을 ② 다양성을 ③ 귀화
④ 적응을 ⑤ 개선

☆ 어휘2

① 다용도 ② 다방면 ③ 다목적 ④ 다국적 ⑤ 다문화

◆ 문법

보기 세계 여행을 하고 싶다	재취업이 쉽다
1) 회사를 그만둘까?	복권에 당첨되다
2) 부자가 되고 싶다.	회사를 그만두다
3) 기분 전환도 할 겸 배낭여행 좀 가고 싶다.	20대이다
4) 운동으로 체력을 키우면 된다.	야근과 회식이 없다
6) 오늘 회식이 취소되면 좋겠다.	팀장님 마음이 바뀌다

1) 에릭: 그럼 회사를 그만둘까?
우진: 재취업이 쉬우면 몰라도 어떻게 회사를 그만두겠어?

2) 에릭: 그런가? 아, 정말 부자가 되고 싶다.
우진: 복권에 당첨되면 몰라도 우리 같은 회사원들이 어떻게 부자가 될 수 있니?

3) 에릭: 기분 전환도 할 겸 배낭여행 좀 가고 싶다.
우진: 네가 20대면 몰라도 지금 나이에 배낭여행은 좀 무리라고 생각해.

4) 에릭: 운동으로 체력을 키우면 되지.
우진: 야근과 회식이 없으면 몰라도 체력 키우기 쉽지 않아.

5) 에릭: 으악, 오늘 제발 회식이 취소되면 좋겠다.
우진: 팀장님 마음이 바뀌면 몰라도 회식이 취소될 일은 없어, 친구야.

◆ 연습해 봅시다

1) 가: 이번에 새로 시작한 프로그램 봤어요? 이주 외국인들이 단체로 여행하는 프로그램이에요. 출연자들이 다방면의 매력을 뽐내더라고요. 앞으로 프로그램 인기가 많아질 것 같아요.
나: 다른 프로그램과 차별점이 있으면 몰라도 너무 비슷해서 성공하지는 못할 것 같아요.
가: 그래도 재미있던데요.

2) 가: 지하에 새로 생긴 교실에 가 봤어요? 다목적 교실이라서 거기에서 탈춤도 배울 수 있고 태권도도 배울 수 있대요.

나: 공간이 크면 몰라도 좀 작은데 거기에서 뭘 배울 수 있겠어요?
가: 제가 볼 땐 충분할 것 같은데요.

◆ 복습

1. ① 납골당이 ② 이만저만이 ③ 협력
④ 폐쇄적 ⑤ 유동 인구가 ⑥ 상권이
⑦ 더불어 사 ⑧ 인식이 ⑨ 으쓱했습니다
⑩ 형성하려고 ⑪ 냉담했습니다
⑫ 역부족이었습니다

2. ① 커피라도 한 잔 사 줘야 하나 싶어
② 맛있는 저녁 식사를 사면 몰라도

17-1 자연의 아름다움

☆ 어휘1

① 형용할 ② 감동을 ③ 이름난
④ 생명력을 ⑤ 이색적인 ⑥ 빠져

☆ 어휘2

① 이례적 ② 이국적 ③ 이질적

◆ 문법

1) 홍보 활동을 활발하게 하지 않는 한 판매량이 증가하지 않을 것 같습니다.

2) 제 생각에는 가격도 중요합니다. 가격을 낮추지 않는 한 소비자들의 구매가 늘지 않을 겁니다.

3) 디자인도 중요하지요. 용기의 디자인을 바꾸지 않는 한 사람들의 관심을 끌지 못할 것 같습니다.

4) 경쟁 회사 제품이 계속 인기를 끌고 있는 것도 문제입니다. 경쟁 회사 제품이 잘 팔리는 한 우리 회사 제품이 인기를 끌기는 힘들 것 같습니다.

5) 화장품은 광고 모델이 무엇보다도 중요합니다. 지금처럼 무명의 모델이 광고를 하는 한 광고 효과를 볼 수 없을 겁니다. 제품 판매량을 늘리려면 일단 광고 모델부터 바꿔야 합니다.

◆ 연습해 봅시다

1) 가: 이번 여름에 보령 머드 축제에 가 볼까 하는데 혹시 가 본 적이 있어요?
나: 네, 보령 머드 축제가 열리는 곳은 이름난 관광지여서 지난 축제 때 가 봤어요. 축제에 참가하면 생명력이 넘치는 자연도 느낄 수 있고 여러 가지 이색적인 체험도 할 수 있어서 좋더라고요.
가: 그래요? 기대되네요. 혹시 미리 알고 가면 좋은 정보가 있나요?
나: 일부 체험은 구명조끼를 입지 않는 한 참가할 수가 없어요. 그러니까 구명조끼가 있으면 준비해서 가세요. 아니면 돈을 주고 빌리셔야 해요.

2) 가: 이번 겨울에 알펜시아 스키장에 가 볼까 하는데 거기 어때요?
나: 정말 좋아요. 설경을 보면 감탄할 수밖에 없을 거예요. 야경도 말로 형용할 수 없을 만큼 아름답고, 리조트 분위기도 이국적이어서 꼭 가 보라고 추천하고 싶어요.
가: 그래요? 그럼 꼭 가 봐야겠네요.
나: 그런데 스키를 타지 않는 한 리프트를 이용할 수 없으니까 스키를 못 타면 리프트 이용권을 구입하지 마세요.

17-2 환경 파괴와 환경 보호

☆ 어휘1

1) ④ 2) ② 3) ⑤ 4) ③ 5) ⑥

☆ 어휘2

① 염려를 끼쳐 ② 해를/악영향을 끼치는
③ 불편을 끼치는 ④ 폐를 끼치

◆ 문법

① 가: 비행기 안에서 담배를 피우면 안 되지요?
나: 네, 손님. 비행기 내부는 금연 구역입니다. 비행기 내에서 담배를 피워서는 안 됩니다.

② 가: 지금 화장실을 사용할 수 있나요?
나: 지금 화장실을 이용해서는 안 됩니다. 안전벨트 착용 표시가 꺼지면 이용하십시오.

③ 가: 창문 덮개를 닫으면 안 된다고요?
나: 네, 손님. 비행기가 이륙할 때는 창문 덮개를 닫으셔서는 안 됩니다.

④ 가: 다리가 아픈데 잠시 일어나 있어도 될까요?
나: 죄송합니다. 손님. 지금은 안전벨트를 풀고 자리에서 일어나셔서는 안 됩니다.

⑤ 가: 자리가 불편한데 좌석을 옮겨도 괜찮겠습니까?
나: 비행기가 이륙하는 동안에 좌석을 옮겨서는 안 됩니다. 이륙 후에 편안한 좌석으로 옮길 수 있게 도와드리겠습니다.

◆ 연습해 봅시다

1) 가: 공장들이 버리는 폐수로 수질 오염이 심각해지고 있어서 걱정이에요.
나: 수질 오염이 심각해져서 바다 생물에 여러 가지 해를 끼치고 있다고 해요.
가: 수질 오염을 줄여서 바다를 깨끗하게 만들 수 있는 방안을 하루빨리 마련해야겠어요.
나: 우선 공장들이 폐수를 바다로 버리는 걸 그냥 놔둬서는 안 되겠지요.

2) 가: 지구 온난화로 인해 여기저기에서 이상 기후가 발생하고 있다죠?
나: 네, 지구 온난화가 지구 환경 곳곳에 악영향을 끼치고 있나 봐요.
가: 무분별한 자연 개발로 인해 지구 온난화가 심해지고 있다고 하던데요.
나: 지구 온난화 문제를 해결하기 위해서는 무분별하게 자연을 개발해서는 안 되겠어요.

◆ 복습

1. ① 습지(이)다 ② 생물이 ③ 생명력이
④ 보존하 ⑤ 폐기물이 ⑥ 의식을

2. ① 지시하지 않는 한 ② 걸어가서는

18-1 한옥의 과학성

☆ 어휘1

① 가옥을 ② 마당 ③ 마루는 ④ 통풍이 ⑤ 개량을

☆ 어휘2

① 수다스럽　② 정성스럽
③ 실망스러워요　④ 혼란스러울

◆ 문법

1) 가: 저는 우리가 부부가 된 듯했어요.

2) 가: 길거리에서 거지 모습을 한 아르바이트생을 만났을 때는 어땠어요?
나: 진짜 그곳에서 사는 거지인 듯해서 깜짝 놀랐어요.

3) 가: 제 눈에는 그 거지들이 정말 배가 고픈 듯했어요.

4) 가: 아까 마당에서 그네를 탈 때 기분이 어땠어요?
나: 제가 하늘을 나는 듯해서 기분이 정말 좋았어요.

5) 가: 저는 천사가 하늘에서 내려오는 듯했어요.

◆ 연습해 봅시다

1) 가: 얼마 전 현대식 집을 전통식으로 개조한 집을 보고 왔는데요. 그곳에서 살면 힐링이 될 것 같아요.
나: 무척 마음에 드는 집이었나 봐요.
가: 네, 직접 가서 보니까 무척 멋스러워 보였어요. 마치 옛 시대로 돌아간 듯했어요.

2) 가: 얼마 전 원룸을 보고 왔는데요. 전망도 좋고 환기와 통풍도 잘된다는 광고를 보고 갔었어요.
나: 가서 보니까 어땠어요?
가: 직접 가서 그 집을 보니까 광고와 너무 달라서 실망스러웠어요. 아무래도 허위 광고가 많은 듯해요.

18-2 건축과 공간

☆ 어휘1

① 꼴이었다　② 모서리가　③ 굴곡이
④ 매끄러웠다고　⑤ 모퉁이

☆ 어휘2

① 향기로운　② 한가롭　③ 다채로운

◆ 문법

1) 가: 배낭여행은 단체 관광보다 자유롭겠지요?
나: 그럼요. 배낭여행이 더 자유로우니만큼 원하는 곳을 마음껏 구경하세요.

2) 가: 유럽 여행은 돈이 많이 들겠지요?
나: 네, 돈이 많이 드니만큼 경비를 여유 있게 준비해야 해요.

3) 가: 유럽에 구경거리가 많겠지요?
나: 네, 구경거리가 많으니만큼 계획을 잘 세워서 빠짐없이 잘 보고 오세요.

4) 가: 저는 이번에 2주 이상 여행을 해요.
나: 오랫동안 여행하니만큼 지치지 않도록 건강에 신경을 쓰세요.

5) 가: 친한 친구들과 함께 가기로 했어요.
나: 친한 친구들과 함께 가기로 했으니만큼 좋은 추억을 많이 쌓고 오세요.

◆ 연습해 봅시다

1) 가: 포토존이 어디에 있습니까?
나: 정문에서 쭉 가시다가 왼쪽에 원, 삼각형, 사각형 등의 여러 모양의 부스들이 있을 거예요. 그곳이 포토존입니다.
가: 포토존이 가 볼 만한가요?
나: 그럼요. 조화로운 구성으로 인기가 많은 곳이에요. 가장 인기가 많은 곳이니만큼 제일 먼저 가시는 것이 좋을 겁니다.

2) 가: 콘서트장이 어디에 있습니까?
나: 포토존과 분수대 사이에 있습니다. 무대 가장자리에 여러 색깔의 조명이 설치되어 있죠.
가: 콘서트장이 가 볼 만한가요?
나: 그럼요. 다채로운 행사를 벌이고 있어요. 시간대 별로 다양한 공연을 볼 수 있으니만큼 남녀노소 할 것 없이 누구나 즐기실 수 있을 겁니다.

◆ 복습

1. ① 외형적으로　② 시각적　③ 색상
④ 독특한　⑤ 자연 친화적　⑥ 각도
⑦ 아늑한

2. ① 있는 듯해요　② 많으니만큼

19-1 한국 역사의 흐름

☆ 어휘1

① 고대　② 고려 시대　③ 조선　④ 근대
⑤ 대한민국　⑥ 건국　⑦ 위기　⑧ 약화

☆ 어휘2

① 피난을　② 도난을　③ 재난으로　④ 고난을

◆ 문법

1) 가: 그래서 어떻게 하셨습니까?
나: 무엇을 할까 고민한 결과 내가 좋아하는 책을 모아서 파는 서점을 하기로 했습니다.

2) 가: 가게는 쉽게 구하셨나요?
나: 열심히 돌아다닌 결과 마음에 드는 가게 자리를 찾았지요.

3) 가: 인테리어가 참 멋있는데 어떻게 하셨나요?
나: 여기저기 알아보고 직접 발로 뛰어나닌 결과 싼값에 가게를 예쁘게 꾸밀 수 있었습니다.

4) 가: 사업이 어렵지는 않으셨나요?
나: 서점을 시작하고 열심히 일한 결과 1년 만에 어느 정도 자리를 잡게 되었습니다.

5) 가: 직접 책도 출판하셨다면서요?
나: 네, 틈틈이 써 온 글을 책으로 출판한 결과 사람들의 좋은 반응을 얻게 되었고 보람을 느꼈습니다.

◆ 연습해 봅시다

1) 가: 에릭 씨는 한국의 역사에서 어느 시대에 관심이 있어요?
나: 저는 한국의 사극 드라마를 보면서 고려 시대에 관심이 생겼어요.
가: 고려의 역사에서 어떤 점이 인상적이에요?
나: 건국 초기인 제4대 왕 광종 때 지배 계층의 비난에도 불구하고 신분 제도를 개선한 결과 많은 사람들이 원래의 신분을 되찾을 수 있었던 점이 가장 인상적이에요. 앞으로 좀 더 자세히 알아보고 싶어요.

2) 가: 주앙 씨는 한국의 역사에서 어느 시대에 관심이 있어요?
나: 저는 한국의 역사책을 읽으면서 조선 시대에 관심이 생겼어요.
가: 조선의 역사에서 어떤 점이 인상적이에요?
나: 조선 후기의 왕 정조 때 반대 세력에게서 수난을 당하던 인재들을 일할 수 있게 한 결과 나라가 성장하고 발전한 점이 가장 인상적이에요. 앞으로 좀 더 자세히 알아보고 싶어요.

19-2 소중한 문화유산

☆ 어휘1

① 문화재 ② 지정 ③ 훼손 ④ 등재

☆ 어휘2

① 적재 ② 기재 ③ 게재

◆ 문법

1) 가: 갈 만한 곳 좀 추천해 주세요.
나: 풍경이 아름답기로는 정동진이 최고지요.

2) 가: 뭘 타고 가면 돼요?
나: 정동진까지 가는 교통수단으로는 케이티엑스(KTX)만큼 편리한 게 없어요.

3) 가: 정동진에 가서 꼭 봐야 할 건 뭐예요?
나: 정동진에서 꼭 봐야 할 것으로는 일출을 빼놓을 수 없어요.

4) 가: 산책할 곳도 있어요?
나: 정동진역 근처에서 산책할 만한 곳으로는 바다부채길이 그만이에요.

5) 가: 정동진에 갔다가 들를 만한 곳이 있어요?
나: 근처에 구경할 만한 곳으로는 오죽헌과 선교장을 빼놓을 수 없지요.

◆ 연습해 봅시다

1) 가: 창덕궁 사진이네요. 정말 아름다운 궁궐이에요.
나: 네, 건축과 조경이 잘 조화된 궁궐로는 창덕궁을 빼놓을 수 없지요.
가: 보존이 잘된 것 같아요.
나: 전쟁으로 불에 타기도 했지만 재건축이나 복원을 할 때에는 원래 설계도에 기재된 내용을 충실히 따랐다고 해요.
가: 도심 속에 그런 궁궐이 있다는 게 참 신기하네요.
나: 창덕궁 주변 100미터 이내에 건물을 지을 때에는 반드시 심의를 거쳐야 한답니다.

2) 가: 안동 하회마을 사진이네요.
나: 네, 배산임수의 자연 조건과 유교적 양반 문화를 보여 주는 마을로는 대표적인 곳이지요. 2010년에 세계 문화유산으로 등재되었답니다.
가: 세계 유명 인사들이 많이 방문한다면서요?
나: 네, 영국 여왕도 방문했었는데 방문 기사가 여러 신문에 게재되었어요.

◆ 복습

1. ① 핵심적 ② 건국 ③ 배산임수
④ 자리하 ⑤ 고난 ⑥ 온전하

2. ① 조사한 결과 ② 문화재 복구로는

20-1 출생, 관례, 혼례

☆ 어휘1

① 전통 ② 폐백을 ③ 돌잔치는
④ 돌상은 ⑤ 머리를 올려

☆ 어휘2

① 혼례를 ② 혼인 ③ 혼수를 ④ 혼주

◆ 문법

1) 가: 솔직히 건강해지는 게 느껴지지 않아요.
나: 건강해지는 게 느껴지지 않더라도 꾸준히 치료를 받다가 보면 건강을 되찾을 겁니다.

2) 가: 먹는 약이 너무 많아서 힘들어요.
나: 먹는 약이 너무 많아서 힘들더라도 약을 잘 챙겨 드셔야 합니다.

3) 가: 병원에 있는 것도 너무 힘들어서 통원 치료를 받고 싶어요.
나: 통원 치료를 받고 싶더라도 퇴원하면 위험할 수 있으니 병원에 계셔야 합니다.

4) 가: 그럼 내일 잠깐 외출 할 수 있을까요? 아버님 생신이거든요.
나: 아버님 생신이더라도 병원 밖으로 나가면 안 됩니다.

5) 가: 검사 결과가 잘 나왔잖아요.
나: 검사 결과가 잘 나왔더라도 아직은 안 됩니다.

◆ 연습해 봅시다

1) 가: 나는 결혼할 때 비싼 예물을 주고받고 결혼식도 화려하게 하고 싶어. 그리고 비싼 혼수에 어울리는 좋은 집에서 살고 싶은데 문제가 좀 있어.
나: 무슨 문제가 있는데?
가: 남자 친구는 간소한 결혼식을 하고 싶어 하고 신혼집도 작은 집을 구하자고 해.
나: 내 생각에 네가 아무리 비싸고 화려한 걸 원하더라도 남자 친구의 의견을 좀 고려해야 할 것 같아.

2) 가: 얼마 전에 상견례를 했는데 양가 부모님들께서 벌써 돌잔치 얘기까지 하셨어. 아이도 많이 낳으라고 하시는데 문제가 좀 있어.
나: 무슨 문제가 있는데?
가: 우리는 혼인 신고도 고민 중이고 아이도 가지지 않을 거라서 말이야.
나: 그렇다면 부모님들께서 아이를 원하시더라도 너희 의견을 말씀드려야 할 것 같아.

20-2 장례와 제례

☆ 어휘1

① 빈소 ② 상주라서 ③ 조문하
④ 부조는 ⑤ 발인은 ⑥ 화장
⑦ 매장은 ⑧ 기일이라서 ⑨ 제사를

☆ 어휘2

① 불이익을 당했다고　② 무시를 당하
③ 따돌림을 당한다고　④ 배신을 당할까
⑤ 상을 당했는데

◆ 문법

1) 후배: 그런데 제가 성적도 나빠요. 어떻게 하면 좋을까요?
선배: 예습과 복습을 해 봐. 그러면 이해가 더 쉬울뿐더러 배운 것을 오래 기억할 수 있어.

2) 후배: 그렇군요. 그런데 저는 표현을 정확하게 쓰고 있는지 모르겠어요.
선배: 배운 표현으로 작문을 해 봐. 선생님께 제출하면 틀린 문장을 고쳐 줄뿐더러 더 좋은 표현도 알려 주셔.

3) 후배: 그런데 제가 자주 지각을 해요.
선배: 자기 전에는 게임 금지야. 자기 전에 게임을 하면 잠을 깊게 못 잘뿐더러 아침에 일어나기도 힘들거든.

4) 후배: 아참, 저는 새로운 일을 좀 해 보고 싶어요.
선배: 그럼 춤을 배워 봐. 내가 해 봤는데 기분 전환도 될뿐더러 한국 친구도 사귈 수 있어.

5) 후배: 그런데 한국에 있으면서 보람이 있는 일도 하고 싶어요.
선배: 그럼 구청의 문화 소개 프로그램을 알아봐. 고향 문화를 소개할 수 있는 기회일뿐더러 한국말 연습도 할 수 있거든.

◆ 연습해 봅시다

1) 가: 며칠 전에 할머니 상을 당했었는데 일이 좀 있었어요.
나: 무슨 일이 있었는데요?
가: 장례를 치른 후 우리 아버지가 화장을 하자고 했었는데 큰아버지로부터 무시를 당했었어요. 그런데 매장은 돈도 많이 들뿐더러 관리도 힘들다고 설득해서 결국 화장을 하게 됐어요.
나: 그랬군요. 요즘은 아무래도 다들 화장을 하는 것 같아요.

2) 가: 얼마 전에 초등학교 때 담임 선생님이 돌아가셔서 정말 속상해요. 그분은 정말 잊을 수 없는 분인데 말이에요.
나: 어떤 분이셨는데요?
가: 학교에 다닐 때 제가 따돌림을 당했었는데 선생님께서 많이 챙겨 주셨어요. 그분은 훌륭한 선생님일뿐더러 부모와도 같은 분이에요.
나: 정말 좋은 분이셨네요. 무척 속상하시겠어요.

◆ 복습

1. ① 장손이라고　② 대를　③ 시댁이
④ 추세　⑤ 지레짐작하　⑥ 빈소
⑦ 고인　⑧ 헌화를　⑨ 묵념을
⑩ 상주

2. ① 손이 떨릴뿐더러　② 힘들더라도

연습 문제 답안

11-1 적성과 직업

어휘

1. 1) 외향적　2) 두루　3) 파악하
   4) 실제적　5) 덜렁대
   6) 사교적이어서　7) 직업관　8) 둔해서
   9) 교육관　10) 결혼관을

-었으면/았으면/였으면 하다

1. 1) 새로 입사한 회사 생활에 빨리 적응했으면 해요.
   2) 이번 겨울은 많이 춥지 않았으면 해요.
   3) 할머니께서 오래오래 건강하게 사셨으면 합니다.
   4) 내년에는 바라는 모든 일들이 이루어지셨으면 합니다.
   5) 난 내가 좀 더 긍정적인 사람이었으면 한다.
2. 1) 오후에 했으면 해요.
   2) 해외 영업팀에서 근무했으면 합니다.
   3) 가족의 사랑에 대한 영화를 제작했으면 합니다.
   4) 건강하고 밝은 아이로 자랐으면 합니다.
   5) 햇빛이 잘 들어오고 조용한 집이었으면 해요.

11-2 구인과 구직

어휘

1. 1) 직종　2) 채용　3) 근로
   4) 구직난　5) 모집　6) 의욕적으로
   7) 작성해　8) 취업률이　9) 정규직
   10) 계약직이

-는/은/ㄴ 이상

보기 서로 생각이 다르다.	끝을 내야 합니다.
1) 내가 팀장이다.	무조건 사과하지는 않을 것입니다.
2) 경기에 참가했다.	우승하기 위해 최선을 다하겠습니다.
3) 제품에 문제가 없다.	함께 일을 하기가 어려울 것 같습니다.
4) 프로젝트를 시작했다.	우리 팀의 모든 일은 제가 책임지겠습니다.
5) 내가 옳다고 판단한다.	우리 회사가 손해 배상을 할 필요가 없습니다.

1. 1) 내가 팀장인 이상 우리 팀의 모든 일은 제가 책임지겠습니다.
   2) 경기에 참가한 이상 우승하기 위해 최선을 다하겠습니다.
   3) 제품에 문제가 없는 이상 우리 회사가 손해 배상을 할 필요가 없습니다.
   4) 프로젝트를 시작한 이상 끝을 내야 합니다.
   5) 내가 옳다고 판단한 이상 무조건 사과하지는 않을 것입니다.
2. 1) 병원에 입원할 정도로 아프지 않은 이상
   2) 외국에서 생활하게 된 이상
   3) 실수를 저지른 이상
   4) 스웨터를 착용한 이상 환불은 해 드릴 수 없습니다.
   5) 힘들게 입학한 이상 졸업을 해야지요.

12-1 시장의 변화

어휘

1. 1) 단축　2) 대행　3) 급등과
   4) 채널을　5) 체결되어　6) 자유 무역이
   7) 띄는　8) 물품을　9) 급락
   10) 생활화

을 통해

보기 친구	실시간으로 정보를 검색할 수 있다.
1) 텔레비전 프로그램	치료한 결과 오랫동안 낫지 않았던 아토피가 나았다.
2) 인터넷	그동안 책으로만 공부했던 것을 직접 익힐 수 있게 되었다.
3) 실습	쭉 들어오시면 왼쪽에 도서관이 있습니다.
4) 정문	소개된 여행지에 관광객들이 끊이지 않고 있다.
5) 다양한 방법	듣게 된 유키의 결혼 소식에 놀라지 않을 수 없었다.

1. 1) 텔레비전 프로그램을 통해 소개된 여행지에 관광객들이 끊이지 않고 있다.
   2) 인터넷을 통해 실시간으로 정보를 검색할 수 있다.
   3) 실습을 통해 그동안 책으로만 공부했던 것을 직접 익힐 수 있게 되었다.
   4) 정문을 통해 쭉 들어오시면 왼쪽에 도서관이 있습니다.
   5) 다양한 방법을 통해 치료한 결과 오랫동안 낫지 않았던 아토피가 나았다.
2. 1) 진지한 대화를 통해
   2) 꾸준한 운동을 통해
   3) TV 화면을 통해
   4) 엄청난 노력을 통해 지금의 실력을 갖추게 된 거래.
   5) 영화 '경복궁'을 통해 연기 실력을 인정받았지.

12-2 소비자 피해와 보상

어휘

1. 1) 파손이　2) 무상으로　3) 문책을
   4) 하자가　5) 리콜　6) 상해를
   7) 추락했으나　8) 은폐하려고　9) 사과문을
   10) 대외적으로

-게 생기다

1. 1) 서로 자기 생각만 말하면서 말소리가 커지는 걸 보니 또 싸우게 생겼다.
   2) 갑자기 하늘이 흐려지는 걸 보니 곧 비가 쏟아지게 생겼다.
   3) 음식을 깜빡하고 냉장고에 안 넣었더니 다 상하게 생겼다.
   4) 신입 사원이 첫날부터 지각을 했다는데 앞으로 회사 생활이 힘들어지게 생겼다.
   5) 동생이 계속 게임만 하는 걸 보니 엄마가 화를 내게 생겼다.
2. 1) 다 남게 생겼네.
   2) 이러다가 오늘 발표를 제대로 못하게 생겼어.
   3) 쓰러지게 생겼어요.
   4) 친구가 크게 화를 내게 생겼네.
   5) 오늘 지게 생겼네.

13-1 옷차림과 유행

☆ 어휘

1. 1) 앞서가 2) 각양각색이다 3) 주도하
   4) 수수하 5) 형형색색 6) 무난한
   7) 선보일 8) 복장 9) 돋보이
   10) 천편일률

-자니

1. 1) 버리자니 아깝고 계속 쓰자니 별로이고 해서 고민이에요.
   2) 대학원에 진학하자니 돈이 많이 들고 취직하자니 공부가 더 하고 싶고 해서 생각 중이에요.
   3) 결혼을 하자니 힘들 것 같고 독신으로 살자니 외로울 것 같고 해서 고민이에요.
   4) 에스엔에스(SNS)를 공개로 하자니 내 정보를 너무 많은 사람이 보게 될까 봐 두렵고 비공개로 하자니 나를 찾고 싶어 하는 친구들이 나를 못 찾을 것 같고 해서 갈등 중이에요.
   5) 유전자 조작 기술을 발전시키자니 윤리적인 문제가 생길 수 있고 포기하자니 의학 등 잘 쓰일 수 있는 곳에서도 못 쓰게 되고 해서 많은 사람들이 이에 대해 논의를 하고 있다.
2. 1) 제대로 된 식사를 하자니 아직 배가 고프지 않고 해서 고민이 되네.
   2) 식사를 제대로 못 챙겨 먹을 것 같고 하숙집으로 이사하자니 자유롭지 못할 것 같고 해서
   3) 반모임에 참석하자니 해야 할 일을 다 못할 것 같고 참석하지 않자니 친구들과 친해질 수 있는 기회를 놓칠 것 같고 해서
   4) 회사를 그만두자니 재취업이 걱정이고 계속 다니자니 적성에 안 맞아 힘들고 해서 계속 고민 중입니다.
   5) 피해 보상을 신청하자니 귀찮을 것 같고 신청 안 하고 그냥 넘기자니 자꾸 그 얼룩이 눈에 띄고 해서 갈등하고 있어요.

13-2 세계 속의 한류

☆ 어휘

1. 1) 열애 2) 열풍이 3) 열중
   4) 일 5) 한결같다 6) 열광
   7) 주목을 8) 친근한 9) 열렬한
   10) 붐을

-을걸/ㄹ걸

1. 1) 어제 잠을 푹 잘걸.
   2) 그 남자 친구랑 헤어지지 말걸.
   3) 좀 더 주의할걸.
   4) 유행에 신경 좀 쓸걸.
   5) 그때 거짓말을 하지 말걸.
2. 1) 올걸.
   2) 학생증을 가지고 올걸.
   3) 여유 시간을 충분히 즐길걸.
   4) 그러게 말이야. 나도 후회하고 있어. 자르지 말걸.
   5) 검사 결과가 많이 좋지 않군요. 운동을 좀 할걸 그랬습니다.

14-1 한국 영화의 현주소

☆ 어휘

1. 1) 개봉 2) 동원
   3) 흥행 4) 공든 탑이 무너지겠어요?
   5) 식은 죽 먹기예요 6) 시사회가
   7) 영화제 8) 대박이
   9) 시작이 반이라고 10) 저예산 영화가

-고도

1. 1) 내가 부르는 소리를 듣고도
   2) 나를 보고도
   3) 밥을 많이 먹고도
   4) 부모님께 혼이 나고도
   5) 큰 실수를 하고도
2. 1) 잘못을 하고도
   2) 내 눈 앞에 펼쳐진 광경을 직접 보고도
   3) 다른 사람의 비밀을 알고도
   4) 아까 버스에서 옆에 있던 사람이 내 발을 밟고도 사과 한마디 하지 않잖아요.
   5) 다른 사람들에게 피해를 주고도 미안해하지 않으니까요.

14-2 대중 매체의 변화

☆ 어휘

1. 1) 공정하 2) 신속하 3) 각계각층
   4) 협력 5) 인쇄 매체가 6) 불분명하면
   7) 수용자 8) 쌍방향으로 9) 아시다시피
   10) 보시다시피

으로/로 보다

1. 1) 건강 검진 결과로 봤을 때 건강에 큰 문제가 없어요.
   2) 그 공연 표가 벌써 매진된 것으로 보아 정말 인기가 많은가 봐요.
   3) 팀의 분위기로 보면 협력이 아주 잘되는 것 같다.
   4) 그 사람이 울면서 말하는 것으로 보아 진심인 것 같아요.
   5) 응시생들의 표정이 안 좋은 것으로 보아 시험이 어려운 모양입니다.
2. 1) 길게 줄 서 있는 것으로 보아
   2) 실업률이 증가하는(취업률이 떨어지는) 것으로 보면
   3) 양국 간의 관계로 볼 때

4) 표정이 좋은 것으로 보아 잘 본 것 같던데요.
5) 평소 김 대리의 업무 처리 능력으로 볼 때 충분히 잘해 낼 거라고 봅니다.

15-1 봉사하는 삶

☆ 어휘

1. 1) 별것 2) 위안이 3) 모교
4) 보람을 5) 결단력이 6) 창의력을
7) 기증 8) 기부 9) 뿌듯하다
10) 추진력이

-어/아/여 주십사 하고

1. 1) 제 이야기 좀 들어 주십사 하고 연락드렸습니다.
2) 제 결혼식에 꼭 와 주십사 하고 청첩장을 드리는 겁니다.
3) 오늘 보낸 메일을 꼭 확인해 주십사 하고 전화드렸습니다.
4) 시간이 괜찮으시면 조금만 더 기다려 주십사 하고 부탁드립니다.
5) 새로 연 커피숍인데 앞으로 자주 들러 주십사 하고 할인을 해 드리고 있습니다.

2. 1) 시간이 있으면 보러 와 주십사 하고
2) 다시 한 번 생각해 주십사 하고
3) 가입해 주십사 하고 전화드렸습니다.
4) 저희 회사 제품을 애용해 주십사 하고 드리는 겁니다.
5) 저희 봉사 단체를 후원해 주십사 하고 찾아왔습니다.

15-2 하나가 되는 지구촌

☆ 어휘

1. 1) 파견 2) 좌절이었다 3) 기구
4) 빈곤 5) 차원 6) 민간
7) 의료 8) 비영리 9) 시련을
10) 후원하

-다시피 하다

1. 1) 뛰어가다시피 했다.
2) 침대에 쓰러지다시피 했다.
3) 거의 매일 만나다시피 한다.
4) 거의 망하다시피 했다.
5) 국수를 마시다시피 했다.

2. 1) 통째로 외우다시피 했어요.
2) 기어가다시피 하고 있어요.
3) 집을 새로 짓다시피 했어요.
4) 응, 걔는 PC방에 출근하다시피 해.
5) 응, 어제 보고서 때문에 밤을 새우다시피 했어.

16-1 이기주의의 극복

☆ 어휘

1. 1) 인접 2) 이만저만이 3) 유동
4) 건의하 5) 유치하 6) 형성하는
7) 소통하 8) 상권이 9) 우려하는
10) 협조해

-나 싶다

1. 1) 계속 콧물이 나는 게 감기에 걸린 게 아닌가 싶어요.
2) 기운이 없을 때는 역시 고기가 최고가 아닌가 싶어요.
3) 그동안 운동을 너무 안 했나 싶어서 이제부터 헬스장에 가려고 해요.
4) 제대로 된 여행을 위해서는 그 나라의 문화를 충분히 경험해야 하는 게 아닌가 싶어요.
5) 밤새 아르바이트를 하는 친구가 너무 무리하는 게 아닌가 싶어서 걱정이에요.

2. 1) 화가 났나 싶어서 마음이 불편해요.
2) 오늘 지는 게 아닌가 싶네요.
3) 무슨 일이 생긴 게 아닌가 싶어요.
4) 아무래도 가족이 가장 중요한 게 아닌가 싶어요.
5) 우울증에 걸린 게 아닌가 싶은데요?

16-2 함께하는 다문화 사회

☆ 어휘

1. 1) 다민족 2) 부러움을 3) 다용도
4) 폐쇄적 5) 인식을 6) 귀화를
7) 더불어 8) 냉담했다 9) 으쓱했다
10) 이주

-으면 몰라도

보기	5만 원 정도 이다	이렇게 비싼데 누가 사겠어?
1)	자유 여행 이다	누가 자기 집 바로 앞에서 공사하는 것에 찬성하겠어요?
2)	공짜로 먹게 해 주다	시작을 했으면 끝까지 해야지.
3)	소음 문제가 해결되다	그렇게 해서는 듣기 실력이 좋아지지 않을 거예요.
4)	날마다 한국 뉴스를 듣다	단체 여행은 가고 싶지 않아.
5)	시작을 안 했다	1시간씩이나 기다려서 밥 먹을 생각은 없어.

1. 1) 자유 여행이면 몰라도 단체 여행은 가고 싶지 않아.
2) 공짜로 먹게 해 주면 몰라도 1시간씩이나 기다려서 밥 먹을 생각은 없어.
3) 소음 문제가 해결되면 몰라도 누가 자기 집 바로 앞에서 공사하는 것에 찬성하겠어요?
4) 날마다 한국 뉴스를 들으면 몰라도 그렇게 해서는 듣기 실력이 좋아지지 않을 거예요.
5) 시작을 안 했으면 몰라도 시작을 했으면 끝까지 해야지.

2. 1) 친구랑 같이 가면 몰라도

2) 가격표를 떼지 않았으면 몰라도
3) 걔가 먼저 사과를 하면 몰라도
4) 내가 컴퓨터 수리 기사면 몰라도 컴퓨터 공학을 전공했다고 해서 컴퓨터를 고칠 수 있는 건 아니야.
5) 기말시험에서 모두 100점을 받으면 몰라도 어려울걸?

17-1 자연의 아름다움

어휘

1. 1) 일몰은 2) 생명력이 3) 생물은
4) 경이로운 5) 형용할 6) 이색적이었다
7) 감탄했다 8) 기이한 9) 이름난
10) 이례적인

-는 한

1. 1) 가족이 함께하는 한 저는 외롭지 않습니다.
2) 포기하지 않고 열심히 노력하는 한 언젠가는 성공할 수 있을 겁니다.
3) 교통비도 아낄 겸해서 될 수 있는 한 차를 안 타고 걸어 다닙니다.
4) 미세 먼지 문제가 해결되지 않는 한 호흡기 질환 환자 수가 줄지 않을 것이다.
5) 유전자 조작 식품이 안전하다고 인정받지 못하는 한 국민들이 안심하고 먹기는 어려울 겁니다.

2. 1) 고장이 나지 않는 한
2) 큰 문제가 발생하지 않는 한
3) 주인이 값을 많이 올리지 않는 한
4) 태풍이나 큰 비가 오지 않는 한 취소되지 않습니다.
5) 서로의 마음이 변하지 않는 한 결혼하겠지.

17-2 환경 파괴와 환경 보호

어휘

1. 1) 대체 2) 폐 3) 규제
4) 염려를 5) 온난화 6) 보존할
7) 의식이 8) 매연과 9) 수거
10) 악영향을

-어서는/아서는/여서는

1. 1) 사진을 찍어서는 안 됩니다.
2) 여기에서 음료를 마셔서는 안 됩니다.
3) 공사 중이니까 들어가서는 안 됩니다.
4) 외부에서 산 음식을 반입해서는 안 됩니다.
5) 조용히 하십시오. 독서실에서 떠들어서는 안 됩니다.

2. 1) 만져서는
2) 아직 시작해서는 안 돼요.
3) 비싸서는 제가 살 수 없어요.
4) 시험 점수가 60점 이하여서는 6급으로 진급하실 수 없습니다.
5) 우리 도서관은 예약제입니다. 그냥 앉아서는 안 됩니다.

18-1 한옥의 과학성

어휘

1. 1) 수다스러운 2) 마루 3) 온돌이
4) 개조 5) 실망스럽다 6) 통풍이
7) 처마는 8) 사치스러워 9) 아늑한
10) 기와집, 초가집

-는/은/ㄴ 듯하다

1. 1) 아직 그 일에 대해서 모르는 듯해요.
2) 저 사람은 결혼한 사람인 듯해요.
3) 저 식당은 음식 맛이 없는 듯해요.
4) 상태가 더 나빠진 듯해요.
5) 사람들이 많이 다친 듯해요.

2. 1) 감기에 걸린 듯해서
2) 걱정이 있는 듯해요.
3) 바쁜 듯해요.
4) 제인 씨가 여행을 좋아하는 듯해요.
5) 두 사람이 싸운 듯해요.

18-2 건축과 공간

어휘

1. 1) 가장자리 2) 조화롭 3) 정사각형
4) 초점을 5) 풍요로운 6) 모퉁이
7) 외형적으로 8) 향기로웠다
9) 울퉁불퉁해서 10) 독특해서

-으니만큼/니만큼

보기	커피 맛과 서비스가 좋다	여러 나라에서 온 관광객으로 항상 붐벼요.
1)	세계적으로 유명한 관광지이다	더욱더 안전에 주의해야 한다.
2)	최선을 다하고 있다	사람들이 그 카페를 많이 찾을 거예요.
3)	오늘이 네 생일이다	지출도 줄여야 합니다.
4)	수입이 줄었다	좋은 결과가 있을 거예요.
5)	아이 셋을 데리고 해외여행을 가다	네가 원하는 것은 다 들어 줄게.

1. 1) 세계적으로 유명한 관광지니만큼 여러 나라에서 온 관광객으로 항상 붐벼요.
2) 최선을 다하고 있으니만큼 좋은 결과가 있을 거예요.
3) 오늘이 네 생일이니만큼 네가 원하는 것은 다 들어 줄게.
4) 수입이 줄었으니만큼 지출도 줄여야 합니다.
5) 아이 셋을 데리고 해외여행을 가니만큼 더욱더 안전에 주의해야 한다.

2. 1) 유명한 배우가 출연하니만큼
2) 직장을 그만두었으니만큼
3) 이번 문제가 중요하니만큼
4) 오랜만에 가는 가족 여행이니만큼 즐거운 추억을 많이 만들고 오세요.
5) 치열한 경쟁을 뚫고 입학했으니만큼 들어가서도 열심히 하세요.

19-1 한국 역사의 흐름

어휘

1. 1) 국력을　2) 핵심적　3) 도난
4) 약화　5) 건국　6) 전성기를
7) 피난　8) 고난　9) 재난
10) 위기

-은/ㄴ 결과

보기 정성껏 간호했다	방문자 수가 늘었다.
1) 열심히 노력했다	아버지의 병이 많이 나아졌다.
2) 꾸준히 기타를 연습했다	좋은 작품을 완성할 수 있었다.
3) 날마다 물을 충분히 마셨다	질 좋은 사과를 키워 낼 수 있었다.
4) 더운 날씨에도 열심히 농사를 지었다	피부가 좋아지고 피곤함도 사라졌다.
5) 맛집 사진을 자주 찍어서 SNS에 올렸다	작은 연주회를 할 수 있을 만큼 실력이 늘었다.

1. 1) 열심히 노력한 결과 좋은 작품을 완성할 수 있었다.
2) 꾸준히 기타를 연습한 결과 작은 연주회를 할 수 있을 만큼 실력이 늘었다.
3) 날마다 물을 충분히 마신 결과 피부가 좋아지고 피곤함도 사라졌다.
4) 더운 날씨에도 열심히 농사를 지은 결과 질 좋은 사과를 키워 낼 수 있었다.
5) 맛집 사진을 자주 찍어서 SNS에 올린 결과 방문자 수가 늘었다.

2. 1) 꾸준히 절약한 결과
2) 오랜 시간 관찰한 결과
3) 성인 남녀 500명을 대상으로 조사한 결과
4) 인터넷에서 열심히 검색한 결과 싸게 파는 곳을 찾을 수 있었어요.
5) 매일 아침 조깅을 한 결과 예전에 비해서 체력이 좋아졌어요.

19-2 소중한 문화유산

어휘

1. 1) 기재　2) 자리하　3) 지정
4) 온전한　5) 게재　6) 적재
7) 복구가　8) 제례를　9) 발굴이
10) 왕릉이

으로는/로는

1. 1) 막걸리 안주로는 파전이 최고야.
2) 인터넷의 장점으로는 시공간의 제약을 받지 않는다는 점을 들 수 있다.
3) 서울의 산책 장소로는 한강 공원이 그만이에요.
4) 요즘 가장 인기 있는 드라마로는 '세상의 끝'을 꼽을 수 있습니다.
5) 노래를 잘하기로는 가수 김윤성을 따를 사람이 없어.

2. 1) 시원한 여름을 보내는 방법으로는
2) 아이들에게 줄 선물로는
3) 목감기에 좋은 차로는
4) 한국 사람들이 좋아하는 길거리 음식으로는 떡볶이가 있어요.
5) 처음 한국을 방문하는 사람들이 여기저기 구경하기로는 서울이 좋아요.

20-1 출생, 관례, 혼례

어휘

1. 1) 예물　2) 성년의 날
3) 추세　4) 백일잔치
5) 혼담이　6) 지레짐작해서
7) 돌잡이를　8) 혼주
9) 대를　10) 폐백을

-더라도

1. 1) 배가 고프더라도 과식하면 안 됩니다.
2) 운동하는 것이 힘들더라도 날마다 해야 건강해질 수 있지요.
3) 상품을 개봉했더라도 제품에 문제가 있으면 환불해 드립니다.
4) 성적이 좋은 학생이더라도 수업 태도가 좋지 않으면 장학금을 받을 수 없어요.
5) 날마다 책상 앞에 앉아 있더라도 집중하지 않으면 공부를 잘 할 수 없어요.

2. 1) 날마다 운동을 하더라도
2) 매일 만나고 싶더라도
3) 급한 일이 있더라도
4) 아무리 회사 사장이더라도 아무 이유 없이 마음대로 직원을 해고하면 안 됩니다.
5) 화가 났더라도 욕은 하면 안 되지.

20-2 장례와 제례

어휘

1. 1) 요란하　2) 빈소
3) 발인을　4) 기일이
5) 상주　6) 따돌림을 당하
7) 문상을　8) 상을
9) 유족　10) 부고를

-을뿐더러/ㄹ뿐더러

1. 1) 지친 몸을 이끌고 집에 돌아와서 침대에 누우면 눕자마자 피로가 풀릴뿐더러 모든 스트레스가 사라지게 될 겁니다.
   2) 이 베개 모양은 인간이 가장 편하다고 느끼는 모양일뿐더러 높이도 적당해서 숙면을 취하는 데 도움이 됩니다.
   3) 100% 면으로만 만들어서 땀 흡수에도 좋을뿐더러 체온 유지도 할 수 있게 도와줍니다.
   4) 아토피가 있는 아이들에게는 꼭 필요할뿐더러 요즘같이 미세 먼지가 많은 계절에는 없어서는 안 되는 제품입니다.
   5) 사용해 보시고 마음에 들지 않으시면 전액 환불을 해 드릴뿐더러 보상까지 해 드립니다.

2. 1) 내일 아침에 학교에 가야 할뿐더러
   2) 잘생겼을뿐더러
   3) 약속을 잘 지키지 않을뿐더러
   4) 국민이 모두 힘을 모았을뿐더러 다들 최선을 다해 일을 했기 때문이지.
   5) 이런 현상은 아주 바람직한 변화일뿐더러 우리 사회가 올바른 방향으로 가고 있다는 것을 알게 해 주는 현상이지.

색인

어휘 색인

ㅈ

문법 색인